RÉPUBLIQUE FRANÇAISE
LIBERTÉ, ÉGALITÉ, FRATERNITÉ

LISTE
DES
OUVRAGES ADOPTÉS
POUR LES
DISTRIBUTIONS DE PRIX
DANS LES
ÉCOLES SCOLAIRES DE LA VILLE DE PARIS

1906

LISTE

DES

OUVRAGES ADOPTÉS

POUR LES

DISTRIBUTIONS DE PRIX

DANS LES

ÉTABLISSEMENTS SCOLAIRES DE LA VILLE DE PARIS

1900

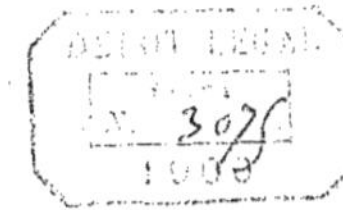

PARIS

IMPRIMERIE NOUVELLE (ASSOCIATION OUVRIÈRE)

11, RUE CADET, 11

1900

ORDRE DES SÉRIES

1re SÉRIE
Histoire et Biographies
Pages de 3 à 19.

2e SÉRIE
Géographie, Voyages
Pages de 20 à 33.

3e SÉRIE
**Littérature, Langues étrangères, Beaux-Arts, Économie politique
et Législation usuelle.**
Pages de 34 à 87.

4e SÉRIE
Sciences
Pages de 88 à 114 .

5e SÉRIE
Philosophie et Morale, Bibliothèque enfantine
Pages 115 à 140.

ABRÉVIATIONS

C M. — Collèges municipaux.
Pnes. — Écoles professionnelles.
P S. — Écoles primaires supérieures.
A. — Adultes.
D. A. — Dessin adultes.
C. — Cours complémentaires.
S. — Cours supérieur des écoles primaires.
M. — Cours moyen des écoles primaires.
E. — Cours élémentaire des écoles primaires.

LISTE

DES

OUVRAGES ADOPTÉS POUR LES DISTRIBUTIONS DE PRIX

DANS LES

ÉTABLISSEMENTS SCOLAIRES DE LA VILLE DE PARIS

1800

1re SÉRIE

AUTEURS	TITRES DES OUVRAGES	FORMAT	NOMBRE DE VOLUMES	PRIX FORT	ÉDITEURS	COLLÈGES municipaux	ÉCOLES professionnelles	ÉCOLES primaires supérieures	ÉCOLES de garçons	ÉCOLES de filles

A. — Dictionnaires.

AUTEURS	TITRES DES OUVRAGES	FORMAT	NOMBRE DE VOLUMES	PRIX FORT	ÉDITEURS	COLLÈGES municipaux	ÉCOLES professionnelles	ÉCOLES primaires supérieures	ÉCOLES de garçons	ÉCOLES de filles
Boursin et Challamel	Dictionnaire de la Révolution française.	in-4	1	15 »	Ancienne libr. Furne	»	»	P S	S	»
Chéruel	Dictionnaire historique des institutions, mœurs et coutumes de la France.	in-16	2	12 . »	Hachette	»	»	P S	»	»
Desobry et Bachelet.	Dictionnaire général de biographie et d'histoire.	in-8	2	25 »	Delagrave	»	»	P S	S	S
Grégoire et Wahl	Dictionnaire encyclopédique d'histoire, de biographie, etc...............	in 4	1	15 »	Garnier	»	»	P S	C	C
Robinet (Dr).	Dictionnaire de la Révolution et de l'Empire.	in-8	2	25 »	Librairie historique 41, r. de Seine	C M	»	P S	C	C
Vast et Malleterre	Atlas historique.....................	album	1	0 »	Delagrave	»	»	»	S	S

B. — Histoire ancienne.

AUTEURS	TITRES DES OUVRAGES	FORMAT	NOMBRE DE VOLUMES	PRIX FORT	ÉDITEURS	COLLÈGES municipaux	ÉCOLES professionnelles	ÉCOLES primaires supérieures	ÉCOLES de garçons	ÉCOLES de filles
Barthélemy	Athènes et les Athéniens	in-8	1	2 »	Delagrave	»	»	P S	C	C
Berthelot	Les grandes scènes de l'histoire grecque.	in-12	1	2 50	Hachette	»	»	P S	M S	M S
Boissier	L'Opposition sous les Césars	in-16	1	3 50	Hachette	C M	»	»	»	»
Egger	Mémoires d'histoire ancienne et de philosophie.	in-8	1	8 »	Pédone-Lauriel	C M	»	»	»	»
Girard (J.)	Le Sentiment religieux en Grèce	in-16	1	3 50	Hachette	C M	»	»	»	»
Ménard (L.)	Histoire grecque	in-12	2	7 50	Delagrave	»	»	P S	»	»
Ménard (L.)	Histoire des Israélites	in-12	1	2 »	Delagrave	»	»	P S	S	»
Ménard (L.)	Histoire des anciens peuples de l'Orient.	in-12	1	5 »	Delagrave	»	»	P S	»	»
Mérimée (Pros.)	Études sur l'histoire romaine	in-18	1	3 50	Calmann Lévy	»	»	P S	»	»
Michelet	Histoire romaine	in-8	1	7 50	Flammarion	»	»	P S	»	»
Michelet	Histoire romaine	in-18	2	7 »	Calmann-Lévy	»	»	P S	»	»
Montesquieu	Grandeur des Romains et leur décadence.	in-18	1	1 50	A. Colin	C M	»	P S	»	»
Peyre	L'Empire romain	in-8	1	4 »	H. May.	C M	»	P S	C	»
Schlumberger	Un Empereur byzantin au dixième siècle.	in-4	1	30 »	F. Didot	»	P^{lles}	P S	S	»
Seignobos	Histoire narrative et descriptive de la Grèce ancienne	in-12	1	4 »	A. Colin	»	»	P S	S	S
Thierry (Am.)	Histoire d'Attila	in-12	2	7 »	Perrin	C M	»	»	»	»
Thierry (Am.)	Récits de l'histoire romaine au cinquième siècle.	in-8	1	7 50	Perrin	C M	»	»	»	»
Thierry (Am.)	Derniers Temps de l'Empire d'Occident.	in-12	1	3 50	Perrin	C M	»	»	»	»

C. — Histoire de France.

AUTEURS	TITRES DES OUVRAGES	FORMAT	NOMBRE DE VOLUMES	PRIX FORT	ÉDITEURS	Collèges municipaux	Écoles professionnelles	Écoles primaires supérieures	Écoles de garçons	Écoles de filles
Ardouin - Dumazet	Le Nord de la France en 1789	in-8	1	3 »	Dreyfous	»	»	»	S	S
Aulard (A.)	Études et Leçons sur la Révolution française (1re série) .	in-12	1	3 50	F. Alcan	C M	»	P S	C	»
Aulard (A.)	Études et Leçons sur la Révolution française (2e série).	in-12	1	3 50	F. Alcan	C M	»	P S	C	»
Babeau (A)	Paris en 1789	in-8	1	6 »	F. Didot	C M	»	P S	S	S
Babeau (A.)	La Vie militaire sous l'ancien régime	in-12	2	7 »	F. Didot	C M	»	P S	»	»
Babeau (A.)	La France et Paris sous le Directoire	in-12	1	3 50	F. Didot	C M	»	P S	»	»
Bardoux	La Bourgeoisie française, de 1789 à 1848	in-8	1	7 50	Calmann-Lévy	C M	»	»	»	»
Baudin (P.) et Cadières (R.)	Les grandes Journées populaires (1789-1830-1848-1870).	in-8	1	12 »	Ancienne libr. Furne	»	»	P S	S C	S C
Bérard	La Convention	in-4	1	6 »	H. May	»	»	»	S	S
Bernot	Châteaudun	in-8	1	1 45	Picard et Kaan	»	»	»	S	S
Blanc (Louis)	Histoire de dix ans	in-8	5	25 »	F. Alcan	»	»	P S	S C	S C
Biot	Napoléon III. Histoire de son règne	in-12	1	4 »	Société d'édit. littéraires	»	»	P S	S	»
Bonnal	Les Armées de la République	in-8	1	2.90	Delagrave	»	»	P S	»	»
Bonnemère (E.)	La France sous Louis XIV	in-12	2	7 »	Fischbacher	»	»	P S	»	»
Bonnemère (E.)	La Vendée en 1793	in-12	1	3 50	Fischbacher	»	»	P S	S	S
Carnot	La Révolution française	in-12	1	3 50	F. Alcan	»	»	P S	S	S
Carré (H.)	La France sous Louis XV	in-8	1	4 »	H. May	»	»	P S	»	»
Chalamet	Guerres de Napoléon (1800-1807)	in-8	1	3 50	F. Didot	»	»	P S	S C	S C
Challamel (A.)	Grands Hommes et Grands Faits de la Révolution française.	in-8	1	4 »	Ancienne libr. Furne.	»	»	P S	M S	M S
Cheruel	Histoire de France pendant la minorité de Louis XIV.	in-8	4	30 »	Hachette	C M	»	»	»	»
Cheruel	Histoire de France sous le ministère Mazarin.	in-8	3	22 50	Hachette	C M	»	»	»	»
Chevalier	Histoire de la marine française pendant la guerre de l'Indépendance américaine.	in-8	1	7 50	Hachette	C M	»	»	»	»
Chevalier	Histoire de la marine française sous le Consulat et l'Empire.	in-8	1	7 50	Hachette	C M	»	»	»	»

AUTEURS	TITRES DES OUVRAGES	FORMAT	NOMBRE DE VOLUMES	PRIX FORT	ÉDITEURS	DESTINATION				
						COLLÈGES munici-paux	ÉCOLES profes-sion-nelles	ÉCOLES primaires supé-rieures	ÉCOLES de garçons	ÉCOLES de filles
Chevalier	Histoire de la marine française sous la République.	in-8	1	7 50	Hachette	C M	»	»	»	»
Dayot (A.)	La Révolution française	f¹ album	1	20 »	Flammarion	»	»	»	S C	S C
Dayot (A.)	Journées révolutionnaires (1830-1848).	f¹ album	1	10 »	Flammarion	»	»	P S	S	»
Deschaumes	L'Armée du Nord (1870-1871)	in-8	1	8 »	F. Didot	»	»	P S	M S	M S
Divers	Album d'histoire de France (scènes et faits historiques).	in-8	1	3 »	Ancienne libr. Furne	»	»	P S	M S	M S
Druon (H.)	Les Français dans l'Inde (dix-septième et dix-huitième siècles).	in-8	1	3 50	H. Martin	»	»	P S	»	»
Duruy (V.)	Histoire de France	in-4	1	23 »	Hachette	C M	»	P S	»	»
Foncin	Le Pays de France	in-18	1	1 »	A. Colin	»	»	»	M S	»
Gaffarel	Les Campagnes de la première République.	in-8	1	2 60	Hachette	»	»	P S	S	»
Gaffarel	Campagnes du premier Empire (Succès et revers (1809-1812)	in-8	1	2 60	Hachette	»	»	P S	S	»
Gaffarel	Campagnes du premier Empire (Période de désastres (1813-1815).	in-8	1	2 60	Hachette	»	»	P S	S	»
Galli	La Guerre à Madagascar	in-8	2	24 »	Garnier	»	»	P S	S	S
Galli	L'armée française en Allemagne (1806).	in-8	1	3 50	Garnier	»	»	P S	»	»
Gautier	L'An 1789	in-4	1	50 »	Delagrave	»	»	P S	C	C
Gourmont (de)	Les Français au Canada	in-8	1	1 50	F. Didot	»	»	P S	S	S
Grosjean (G.)	La Révolution française	in-8	1	8 »	Picard et Kaan	»	»	P S	S	S
Guillon	La France depuis ses origines jusqu'en 1789	in-4	1	6 »	H. Martin	»	»	P S	S	S
Guillon	Histoire de la Révolution et de l'Empire.	in-4	1	6 »	H. Martin	»	»	P S	M S	M S
Guillon	1815-1895. Quatre-vingts ans d'histoire nationale.	in-4	1	6 »	H. Martin	»	»	P S	S	S
Guizot	Histoire de la civilisation en France.	in-8	4	24 »	Perrin	C M	»	»	»	»
Hamel (E.)	Précis d'histoire de la Révolution	in-8	1	7 50	Flammarion	»	»	P S	S	S
Hamel (E.)	Histoire de la République française sous le Directoire et le Consulat	in-8	1	7 50	Flammarion	»	»	P S	S	»
Hamel (E.)	Histoire du premier Empire	in-8	2	15 »	Flammarion	»	»	P S	S	S
Hamel (E.)	Histoire de la Restauration	in-8	2	15 »	Flammarion	»	»	P S	S	S
Hamel (E.)	Histoire du règne de Louis-Philippe.	in-8	2	15 »	Flammarion	»	»	P S	S	S

AUTEURS	TITRES DES OUVRAGES	FORMAT	NOMBRE DE VOLUMES	PRIX FORT	ÉDITEURS	DESTINATION				
						COLLÈGES municipaux	ÉCOLES professionnelles	ÉCOLES primaires supérieures	ÉCOLES de garçons	ÉCOLES de filles
Hanotaux	Tableau de la France en 1614........	in-12	1	4 »	F. Didot	»	»	P S	S C	S C
Hardy de Perini	Batailles françaises de 1214 à 1559....	in-12	1	3 »	Majesté et Bouchardon (Châteauroux)	»	»	»	S C	S
Iung (Th.)	Bonaparte et son temps.............	in-18	3	10 50	E. Fasquelle	»	»	P S	S	S
Jehan de la Cité	L'Hôtel de Ville de Paris et la place de Grève.	in-8	1	4 »	F. Didot	»	»	P S	M S	M S
Lanfrey	Essai sur la Révolution française	in-18	1	3 50	E. Fasquelle	C M	»	»	»	»
Lavallée (Th.)	Histoire des Français............ ...	in-18	6	21 »	E. Fasquelle	C M	»	»	»	»
Lebon (André)	Cent ans d'histoire intérieure (1789-1895) .	in-18	1	4 »	A. Colin	»	»	P S	»	»
Lecoy de la Marche	La France sous saint Louis et sous Philippe-le-Hardi.	in-8	1	4 »	H. May	C M	»	»	»	»
Lockroy (Éd.)	Journal d'une bourgeoise pendant la Révolution.	in-18	1	3 50	Calmann-Lévy	»	»	P S	S	S
Loir (M.)	La Marine française.	in-4	1	25 »	Hachette	»	»	P S	S C	»
Macé (J.)	La France avant les Francs (illustré) .	in-16	1	1 50	Hetzel	»	»	»	M S	M S
Malo (Ch.)	Champs de bataille de France.......	in-4	1	15 »	Hachette	»	»	P S	S C	»
Martin (Henri)	Trois grands Ministres.............	in-8	1	3 60	Ancienne libr. Furne	»	»	P S	S	»
Martin (Henri)	Les Origines de la France	in-8	1	3 60	Ancienne libr. Furne	»	»	P S	S	S
Martin (Henri)	Charlemagne et l'Empire carlovingien.	in-8	1	3 60	Ancienne libr. Furne	»	»	P S	S	S
Martin (Henri)	Les Capétiens et la France féodale...	in-8	1	3 60	Ancienne libr. Furne	»	»	P S	S	S
Martin (Henri)	Histoire de la Révolution française...	in-16	2	7 »	Ancienne libr. Furne	»	»	P S	S	S
Martin (Henri)	La Guerre de Cent Ans.............	in-8	1	3 60	Ancienne libr. Furne	»	»	P S	S	S
Martin (Henri)	Le Dix-huitième siècle.............	in-8	1	3 60	Ancienne libr. Furne	»	»	P S	S C	S C
Ménorval (de)	Paris : des origines à 1380.........	in-8	1	6 »	F. Didot	C M	»	P S	S	»
Ménorval (de)	Paris : de 1380 à 1589.........	in-8	1	6 »	F. Didot	C M	»	P S	S	»
Ménorval (de)	Paris : de 1589 à 1715.............	in-8	1	6 »	F. Didot	C M	»	P S	S	»
Michelet	Histoire de France (édition définitive).	in-8	16	7 50 le volume	Flammarion	»	»	P S	S	»
Michelet	Histoire de la Révolution française (édition définitive).	in-8	7	7 50 le volume	Flammarion	»	»	P S	S	»
Michelet	Histoire du dix-neuvième siècle..	in-8	3	7 50 le volume	Flammarion	»	»	P S	»	»

AUTEURS	TITRES DES OUVRAGES	FORMAT	NOMBRE DE VOLUMES	PRIX FORT	ÉDITEURS	DESTINATION				
						COLLÈGES municipaux	ÉCOLES professionnelles	ÉCOLES primaires supérieures	ÉCOLES de garçons	ÉCOLES de filles
Michelet	Abrégé d'histoire de France (moyen âge)	in-12	1	4 »	A. Colin	»	»	P S	M S	M S
Michelet	Abrégé d'histoire de France (temps modernes).	in-12	1	4 »	A. Colin	»	»	P S	M S	M S
Michelet	Abrégé d'histoire de France (précis de la Révolution française).	in-12	1	4 »	A. Colin	»	»	P S	M S	M S
Michelet	Louis XI et Charles le Téméraire.....	in-12	1	1 »	Hachette	C M	»	P S	S	S
Michelet	Précis de l'Histoire de France au moyen âge.	in-18	1	3 50	Calmann-Lévy	»	»	P S	»	»
Michelet	La Renaissance	in-18	1	3 50	Calmann-Lévy	»	»	P S	»	»
Michelet	La Réforme......................	in-18	1	3 50	Calmann-Lévy	»	»	P S	»	»
Michelet	Henri IV et Richelieu..............	in-18	1	3 50	Calmann-Lévy	»	»	P S.	»	»
Michelet	La Prise de la Bastille	in-18	1	3 50	Calmann-Lévy	»	»	P S	»	»
Michelet	Les Fédérations	in-18	1	3 50	Calmann-Lévy	»	»	P S	»	»
Michelet	Les Femmes de la Révolution	in-18	1	3 50	Calmann-Lévy	»	»	P S	»	»
Michelet	Les Soldats de la Révolution........	in-18	1	3 50	Calmann-Lévy	»	»	P S	»	»
Mignet	Histoire de la Révolution française....	in-12	2	7 »	F. Didot	C M	»	P S	S	S
Morin	La France au moyen âge..........	in-32	1	» 60	F. Alcan	»	»	»	S	»
Niox	La Guerre de 1870	in-8	1	1 25	Delagrave	»	»	»	S C	»
Pelletan (C.)	Les Guerres de la Révolution........	in-18	1	1 50	A. Colin	»	»	P S	E	»
Perrens	La Démocratie en France au moyen âge	in-12	2	7 »	Perrin	»	»	»	»	»
Perrens	L'Église et l'État en France sous Henri IV et Marie de Médicis.	in-4	1	12 »	Pédone-Lauriel	C M	»	P S	»	»
Peyre	L'Expédition d'Égypte..............	in-8	1	1 50	F. Didot	»	»	P S	S	»
Pizard (A.)	Les Origines de la nation française..	in-8	1	2 25	Delagrave	»	»	P S	S	S
Quinet (E.)	Histoire de la campagne de 1815......	in-12	1	3 50	Hachette	»	»	P S	S	»
Quinet (E.)	La Révolution	in-12	3	10 50	Hachette	»	»	P S	S	»
Rambaud (A.)	Histoire de la Révolution française ..	in-16	1	1 25	Hachette	»	»	P S	M S	M S
Rambaud (A.)	Histoire de la civilisation française ...	in-18	2	8 »	A. Colin	»	»	P S	»	»
Rambaud (A.)	Les Français sur le Rhin (1792-1804)..	in-12	1	3 50	Perrin	»	»	»	S	»

AUTEURS	TITRES DES OUVRAGES	FORMAT	NOMBRE DE VOLUMES	PRIX FORT	ÉDITEURS	DESTINATION				
						COLLÈGES municipaux	ÉCOLES professionnelles	ÉCOLES primaires supérieures	ÉCOLES de garçons	ÉCOLES de filles
Rambaud (A.)	La Domination française en Allemagne.	in-12	2	7 »	Perrin	C M	»	P S	»	»
Regnault	Histoire de huit ans.	in-8	3	15 »	F. Alcan	»	»	P S	C	C
Reynald (H.)	Succession d'Espagne. — Louis XIV et Guillaume III.	in-8	2	15 »	Plon, Nourrit et Cie	C M	»	»	»	»
Robiquet	Histoire municipale populaire de Paris.	in-12	1	1 50	Hachette	»	»	P S	S C	S G
Rousset (C.)	Les Volontaires (1791-1794).	in-12	1	3 50	Perrin	C M	»	»	»	»
Rousset (Ct)	Histoire abrégée de la guerre franco-allemande (1870-1871).	in-12	1	3 50	Tallandier	»	»	»	M S	M S
Sainte-Foix (de)	Essais historiques sur Paris.	in-16	1	1 »	Delagrave	C M	»	»	»	»
Seignobos	Scènes et épisodes de l'histoire nationale	in-4	1	40 »	A. Colin	C M	»	P S	S	S
Siméon	Grands hommes et grands faits de l'histoire de France.	in-8	1	4 »	Ancienne libr. Furne	»	»	»	M S	M S
Souriau (M.)	Louis XVI et la Révolution.	in-8	1	4 »	H. May	C M	»	»	»	»
Stern (Daniel)	Histoire de la Révolution de 1848.	in-12	3	10 50	Calmann-Lévy	»	»	P S	S	»
Thierry (Am.)	Histoire des Gaulois.	in-12	2	7 »	Perrin	C M	»	»	»	»
Thierry (Am.)	Histoire de la Gaule sous la domination romaine.	in-12	2	7 »	Perrin	C M	»	»	»	»
Thierry (Aug.)	Récits des temps mérovingiens	in-18	1	3 50	Calmann-Lévy	»	»	P S	S	S
Thierry (Aug.)	Lettres sur l'histoire de France (dix ans d'études historiques).	in-18	1	3 50	Calmann-Lévy	»	»	P S	S	S
Thierry (Aug.)	Récits des temps mérovingiens.	in-4	1	5 »	Lecène	»	»	P S	S	S
Thierry (Aug.)	Récits des temps mérovingiens.	in-8	1	10 »	Bonhoure	»	»	P S	S	S
Thierry (Aug.)	Essai sur l'histoire et les progrès du tiers état.	in-18	1	2 »	F. Didot	»	»	P S	S	S
Thiers (A.)	Histoire de la Révolution française.	in-8	2	22 »	Ancienne libr. Furne	»	»	P S	S	S
Thoumas (Gal)	Autour du drapeau tricolore.	in-8	1	10 »	Levasseur	»	»	P S	»	»
Tocqueville (de)	L'Ancien Régime et la Révolution.	in-8	1	6 »	Calmann-Lévy	C M	»	»	»	»
Voltaire.	Le Siècle de Louis XIV.	in-8	1	6 »	Ancienne libr. Furne	»	»	P S	S	»
Voltaire.	Le Siècle de Louis XIV.	in-12	1	2 50	Delagrave	»	»	P S	»	»
Weill	Histoire du parti républicain en France.	in-8	1	7 »	F. Alcan	»	»	P S	A	»
Witt (Mme de)	La France au seizième siècle.	in-8	1	3 »	Hachette	»	»	»	S	S

2

AUTEURS	TITRES DES OUVRAGES	FORMAT	NOMBRE DE VOLUMES	PRIX FORT	ÉDITEURS	DESTINATION				
						COLLÈGES munici-paux	ÉCOLES profes-s'on-nelles	ÉCOLES primaires supé-rieures	ÉCOLES de garçons	ÉCOLES de filles
Witt (Mme de)	Charles VII et Louis XI............	in-8	1	15 »	Hachette	»	»	P S	Prix d'honneur	Prix d'honneur
X (d'après P. Lacroix)	L'Ancienne France (la chevalerie et les croisades).	in-8	1	4 »	F. Didot	C M	»	P S	S	S
X (d'après P. Lacroix)	Henri IV, Louis XIII.............. ..	in-8	1	4 »	F. Didot	C M	»	P S	S	»
X (d'après P. Lacroix)	L'Armée française depuis le moyen âge jusqu'à la Révolution.	in-8	1	4 »	F. Didot	C M	»	P S	M S	M S

AUTEURS	TITRES DES OUVRAGES	FORMAT	NOMBRE DE VOLUMES	PRIX FORT	ÉDITEURS	DESTINATION				
						COLLÈGES municipaux	ÉCOLES professionnelles	ÉCOLES primaires supérieures	ÉCOLES de garçons	ÉCOLES de filles

D. — Histoires étrangères.

AUTEURS	TITRES DES OUVRAGES	FORMAT	NOMBRE DE VOLUMES	PRIX FORT	ÉDITEURS	COLLÈGES municipaux	ÉCOLES professionnelles	ÉCOLES primaires supérieures	ÉCOLES de garçons	ÉCOLES de filles
Asseline	Histoire de l'Autriche	in-12	1	3 50	F. Alcan	»	»	P S	lS	»
Crémieux	Histoire du Peuple russe	in-8	1	2 40	Picard et Kaan	»	»	P S	S	»
Daendliker	Histoire du peuple suisse	in 8	1	3 »	F. Alcan	»	»	»	S	»
Deberle	Histoire de l'Amérique du Sud	in-12	1	3 50	F. Alcan	»	»	P S	»	»
Denis	L'Allemagne de 1789 1810	in-8	1	4 »	H. May	C M	»	P S	»	»
Forfer	Histoire de Gustave-Adolphe	in-4	1	5 »	Gedalge	»	»	P S	S	»
Galli	L'Allemagne en 1813	in-8	1	3 50	Garnier	»	»	P S	»	»
Hepwort-Dixon	La Suisse contemporaine	in-12	1	3 50	F. Alcan	»	»	»	S	»
Lahoulaye	Histoire des États-Unis	in-18	3	10 50	E. Fasquelle	C M	»	z	»	»
Lavisse	Essai sur l'Allemagne impériale	in-12	1	3 50	Hachette	C M	»	»	»	»
Leclerc (M.)	L'Éducation des classes moyennes et dirigeantes en Angleterre.	in-18	1	4 »	A. Colin	C M	»	P S	»	»
Mariéjol (J.-H.)	L'Espagne sous Ferdinand et Isabelle.	in-8	1	4 »	H. May	C M	»	»	»	»
Mérimée (Pros.)	Épisodes de l'histoire de Russie (le faux Démétrius).	in-18	1	3 50	Calmann-Lévy	»	»	P S	S	»
Mignet	Antonio Perez et Philippe II	in-18	1	3 50	Perrin	C M	»	»	»	»
Perrens	La Civilisation florentine du treizième au seizième siècle.	in-8	1	4 »	H. May	»	»	P S	»	»
Quinet (E.)	Marnix de Sainte-Aldegonde	in-18	1	3 50	Hachette	»	»	P S	S	S
Rambaud	Histoire de la Russie	in-12	1	6 »	Hachette	»	»	P S	»	»
Ramin	Impressions d'Allemagne	in-12	1	3 50	F. Didot	»	»	P S	S	»
Sayous	Les Deux Révolutions d'Angleterre	in-8	1	4 »	H. May	C M	»	»	»	»
Seignobos	Scènes et épisodes de l'histoire d'Allemagne.	in-4	1	30 »	A. Colin	C M	»	P S	»	»
Tallandier (R.)	Dix Ans de l'histoire d'Allemagne	in-8	1	7 50	Perrin	C M	»	»	»	»
Thierry (Aug.)	Histoire de la conquête de l'Angleterre.	in-12	4	8 »	Ancienne libr. Furne	»	»	P S	S	S
Tocqueville (de)	La Démocratie en Amérique	in-8	3	18 »	Calmann-Lévy	C M	»	»	»	»

AUTEURS	TITRES DES OUVRAGES	FORMAT	NOMBRE DE VOLUMES	PRIX FORT	ÉDITEURS	DESTINATION				
						COLLÈGES munici-paux	ÉCOLES profes-sion-nelles	ÉCOLES primaires supé-rieures	ÉCOLES de garçons	ÉCOLES de filles
Véron	Histoire de l'Allemagne...	in-12	1	3 50	F. Alcan	»	»	P S	S	S
Véron	Histoire de la Prusse.................	in-12	1	3 50	F. Alcan	»	»	P S	S	S
Voltaire	Histoire de Charles XII........... ...	in-18	1	2 »	A. Colin	»	»	P S	S	»
Voltaire	Histoire de Charles XII....	in-12	2	1 »	Flammarion	»	»	P S	»	»

E. — Biographies et Mémoires.

AUTEURS	TITRES DES OUVRAGES	FORMAT	NOMBRE DE VOLUMES	PRIX FORT	ÉDITEURS	DESTINATION				
						COLLÈGES munici-paux	ÉCOLES profes-sion-nelles	ÉCOLES primaires supé-rieures	ÉCOLES de garçons	ÉCOLES de filles
Aulard (A.)	Danton........	in-8	1	» 70	Picard et Kaan	»	»	»	M S	M S
Badin	Jean Bart.....................	in-16	1	1 25	Hachette	»	»	P S	S	»
Barbou	Les Généraux de la République......	in-16	1	2 50	Ancienne libr. Furne	»	»	P S	M S	S
Bondois	Necker	in-8	1	» 70	Picard et Kaan	»	»	»	M	»
Brunel	Le Général Faidherbe.............	in-8	1	10 »	Delagrave	»	»	P S	S	S
Caron	Michel Le Tellier, son administration.	in-12	1	5 »	Pédone Lauriel	C M	»	»	»	»
Cazes	Mirabeau.......................	in-8	1	2 50	Gedalge	»	»	P S	S	S
Changeur	Comment on devient un homme	in-8	1	1 90	Hatier	»	»	P S	M S	»
Claretie	Camille Desmoulins, Lucile Desmoulins.	in 8	1	8 »	Plon, Nourrit et Cⁱᵉ	»	»	P S	S	»
Clément (P.)	Histoire de Colbert et de son adminis-tration.	in-12	2	8 »	Perrin	»	»	P S	»	»
Commynes (P. de)	Mémoires de Philippe de Commynes..	in-8	1	20 »	F. Didot	C M	»	»	»	»
Contesse	Les Héros de la Marine française... .	in-4	1	15 »	F. Didot	»	»	P S	M S	»
Cottin et Hénault	Mémoires du sergent Bourgogne	in 4	1	15 »	Hachette	»	»	P S	S C	»
Demoulin (Mᵐᵉ G.)	Les Françaises illustres.............	in-8	1	4 50	Hachette	»	»	P S	»	»
Depasse	Carnot....................... ...	in-8	1	» 75	H. Martin	»	»	P S	S	»

AUTEURS	TITRES DES OUVRAGES	FORMAT	NOMBRE DE VOLUMES	PRIX FORT	ÉDITEURS	DESTINATION				
						Collèges municipaux	Écoles professionnelles	Écoles primaires supérieures	Écoles de garçons	Écoles de filles
Dreyfous (M)	Les Trois Carnot. — Histoire de cent ans.	in-8	1	4 50	Dreyfous	"	"	P S	M S	"
Divers	Album d'histoire de France (personnages illustres).	in-8	1	2 50	Ancienne libr. Furne	"	"	P S	M S	M S
Duruy (G.)	Biographies d'hommes célèbres des temps anciens et modernes.	in-16	1	1 "	Hachette	"	"	"	M	M
Fabre (J.)	Jeanne d'Arc.	in-8	1	3 50	Librairie illustr.	"	"	P S	M S	M S
Fabre des Essarts	Dupleix et l'Inde française	in-8	1	" 95	H. Martin	"	"	"	M S	M S
Falgairolle	Montcalm devant la postérité	in-12	1	3 "	Challamel	"	"	P S	M S	"
Fay (Gal)	Journal d'un officier de l'armée du Rhin	in-8	1	5 "	Berger-Levrault	"	"	"	S	"
Fernay (J.)	Georges Washington.	in-8	1	4 50	H. Martin	"	"	P S	S	S
Fernay (J.)	P.-P. Riquet et le Canal du Midi	in-8	1	2 50	H. Martin	"	"	P S	S	S
Font-Réaulx (de)	La Tour-d'Auvergne	in-8	1	1 30	Gedalge	"	"	P S	S	S
Garcin (Mme)	Jacques Cœur	in-8	1	1 45	H. Martin	"	"	P S	S	"
Goepp (E.)	Les Grands hommes de la France (marins).	in-8	1	3 "	Ducrocq	"	"	"	S	"
Goepp	Les Grands Hommes de la France (Kléber, Desaix, Hoche, Marceau, Daumesnil).	in-8	1	3 "	Ducrocq	"	"	"	M S	"
Gossot	Jeanne d'Arc, l'héroïne de la France.	in-8	1	7 "	Ducrocq	"	"	P S	"	M S
La Gravière (J. de)	L'Amiral Baudin	in-18	1	4 "	Plon, Nourrit et Ce	"	"	"	M S	M S
La Gravière (J. de)	L'Amiral Roussin	in-12	1	4 "	Plon, Nourrit et Ce	"	"	"	M S	M S
Guillon (E.)	Les Généraux de la République	in-8	1	4 50	H. Martin	"	"	P S	S	S
Guy (J.)	Les Femmes de l'antiquité	in-4	1	3 50	Gedalge	"	"	P S	"	S
Guizot	Histoire de Washington	in-18	1	3 50	Perrin	C M	"	"	"	"
Gysaur (R.)	Les Parisiens célèbres	in-8	1	4 50	H. Martin	"	"	P S	M S	M S
Hamont	Dupleix	in-12	1	4 "	Plon et Cie	"	"	P S	"	"
Hamont	Lally-Tollendal	in-8	1	7 50	Plon et Ce	"	"	P S	M S	M S
Hanotaux	Histoire du cardinal de Richelieu tome Ier.	in-8	1	10 "	F. Didot	C M	"	"	"	"
Iung (Th.)	Dubois-Crancé	in-18	2	7 "	E. Fasquelle	"	"	P S	S	"

AUTEURS	TITRES DES OUVRAGES	FORMAT	NOMBRE DE VOLUMES	PRIX FORT	ÉDITEURS.	DESTINATION				
						COLLÈGES munici-paux	ÉCOLES profes-sion-nelles	ÉCOLES primaires supe-rieures	ÉCOLES de garçons	ÉCOLES de filles
Labouchère	Oberkampf	in-16	1	1 25	Hachette	»	»	»	S	»
Lacroix (D.).	Les maréchaux de Napoléon	in-12	1	3 50	Garnier	»	»	»	S C	»
Larchey	Les cahiers du capitaine Coignet	in-4	1	4 50	Hachette	»	»	P S	S	»
Le Loyal Servi-teur	Histoire du chevalier Bayard	in-8	1	7 »	Garnier	»	»	P S	S	»
Martin (Henri)	Louis XI	in-8	1	3 60	Ancienne libr. Furne	C M	»	P S	M S	M S
Maze	Le général Marceau	in-8	1	9 »	H. Martin	»	»	P S	M S	»
Merchier (A.)	Les Conseillers du Grand Roi	in-8	1	3 »	Lecène	»	»	P S	S	S
Meyniel (L.)	Napoléon 1ᵉʳ, sa vie, son œuvre	in-8	1	2 90	Delagrave	»	»	P S	»	»
Michel	Histoire de Vauban	in-8	1	2 60	Hachette	»	»	»	S C	»
Michelet	Hoche, La Tour-d'Auvergne	in-12	1	3 50	Calmann-Lévy	»	»	P S	S	S
Mignet	Charles-Quint (son abdication, son sé-jour au monastère de Saint-Just).	in-12	1	3 50	Perrin	C M	»	P S	»	»
Mignet	Vie de Francklin	in-12	1	1 25	Perrin	»	»	P S	»	»
Moulin (H.).	Les Marins de la République	in-8	1	1 90	H. Martin	»	»	»	S	S
Monin	Journal d'un bourgeois de Paris pen-dant la Révolution française.	in-18	1	3 50	A. Colin	»	»	»	M S	M S
Montel	Jean Bart	gr. in-4	1	8 »	H. May	»	»	»	E	E
Moussoir	Le Conventionnel Hyacinthe Richand.	in-18	1	3 50	Plon, Nourrit et Cⁱᵉ	»	»	P S	S C	»
Parfait (Noël)	Le Général Marceau	in-8	1	7 50	Calmann-Lévy	»	»	P S	M S	»
Pelletan	Le Grand Frédéric	in-18	1	3 50	F. Alcan	»	»	P S	S	»
Philips	Duguay-Trouin	in-8	1	1 35	Delagrave	»	»	»	M S	»
Picquet	Histoire d'un Français (Sadi-Carnot)	in-8	1	2 40	Picard et Kaan	»	»	P S	S	S
Plutarque	Hommes illustres de Rome (traduction Ricard).	in-8	2	4 50	Delagrave	»	»	P S	S	»
Plutarque	Hommes illustres de la Grèce	in-8	2	4 50	Delagrave	»	»	»	S	»
Plutarque	Vie des hommes illustres (Romains)	in-12	1	2 25	Hachette	»	»	P S	S	S
Plutarque	Vie des hommes illustres (Grecs)	in-12	1	2 25	Hachette	»	»	P S	S	S
Plutarque	Vies des Grecs illustres	in-8	1	3 20	Hatier	»	»	P S	S	»

AUTEURS	TITRES DES OUVRAGES	FORMAT	NOMBRE DE VOLUMES	PRIX FORT	ÉDITEURS	DESTINATION				
						COLLÈGES municipaux	ÉCOLES professionnelles	ÉCOLES primaires supérieures	ÉCOLES de garçons	ÉCOLES de filles
Poirier	Vie de Bayard....................	in-8	1	2 50	Gedalge	»	»	»	S	S
Postel	Du Guesclin....................	in-8	1	» 90	Delagrave	»	»	»	M S	M S
Raimes (de)	Marins de France...............	in-8	1	10 »	Lemerre	»	»	P S	S	»
Raimes (de)	Soldats de France (Généraux de la République).	in-8	1	10 »	Lemerre	»	»	P S	S	»
Raycur	Mirabeau : sa vie, ses œuvres......,	in-12	1	2 50	Bayle	»	»	»	S	»
Richard	Le Sergent Bobillot à Tuyen-Quan...	in-8	1	1 20	Barbou	»	»	»	S	»
Robinet	Condorcet : sa vie, son œuvre......,	in-8	1	10 »	H. May	C M	»	P S	»	»
Rousseau	Les Héros de Paris................	in-4	1	8 »	Gedalge	»	»	»	E M S	E M S
Rousset (C.)	Histoire de Louvois...............	in-12	4	14 »	Perrin	C M	»	»	»	»
Sée (H.)	Bertrand du Guesclin et son temps...	in-8	1	1 90	Picard et Kaan	»	»	»	M	M
Simond (E.)	Le Capitaine La Tour d'Auvergne.....	in-18	1	3 50	Perrin	»	»	P S	»	»
Simond (Ch.)	Histoire d'un patriote (Léon Gambetta)	in-8	1	2 40	Picard et Kaan	»	»	P S	C	»
Tessier	Étienne Marcel	in-8	1	2 40	Picard et Kaan	»	»	P S	S	S
Tissot	Turgot......................	in-12	1	1 25	Perrin	»	»	P S	»	»
Tulou	Galerie des Enfants célèbres........	in-8	1	3 50	Garnier	»	»	»	S	S
Veyrat (G.)	Les Statues de l'Hôtel de Ville........	in-4	1	6 »	H. May	»	»	P S	M S	M S
Wirth	Les Gloires militaires de l'Alsace	gr. in-8	1	3 50	Lecène	»	»	»	M S	»
Witt (C. de)	Histoire de Washington.............	in-12	1	3 50	Perrin	»	»	P S	S	»
Zeller	Les Trois Instituteurs de l'Aisne......	in-12	1	» 60	Jeandé	»	»	»	E	E

F. — Divers.

AUTEURS	TITRES DES OUVRAGES	FORMAT	NOMBRE DE VOLUMES	PRIX FORT	ÉDITEURS	COLLÈGES municipaux	ÉCOLES professionnelles	ÉCOLES primaires supérieures	ÉCOLES de garçons	ÉCOLES de filles
Avenel (d')	Paysans et ouvriers depuis 700 ans..	in-18	1	4 »	A. Colin	»	»	P S	S C	»
Ardouin Dumazet	Au régiment. — En escadre	in-8	1	16 »	Berger-Levrault	»	»	P S	S C	»
Ardouin Dumazet	Une Armée dans les neiges	in-8	1	6 »	Rouam et Cie	»	»	P S	M S	M S
Azibert	Sièges célèbres	in-4	1	3 90	Delagrave	»	»	P S	S C	»
Barracand (L.)	Un village au douzième et au quatorzième siècle.	in-8	1	1 45	H. Martin	..	..	»	M S	M S
Barron	Paris pittoresque, 1800-1900	in-4	1	25 »	H. May	..	..	P S	C	C
Baudrillart	Philippe V et la Cour de France	in-8	2	20 »	F. Didot	C M	»	»	»	»
Belloc (A.)	La Télégraphie historique	in-12	1	4 »	F. Didot	C M	»	P S	S	..
Bérard	La Turquie et l'Hellénisme contemporains.	in-8	1	3 50	F. Alcan	»	»	P S	»	»
Bonnefoy (M.)	Souvenirs d'un simple soldat en campagne.	in-8	1	2 50	H. Martin	..	..	..	M S	»
Bonnemère (E)	Histoire des paysans	in-12	1	3 50	Fischbacher	»	..	P S	S	S
Bonnemère (E.)	Les Habitants des campagnes	in-8	1	» 95	H. Martin	»	..	»	M S	M S
Bournand	Russes et Français	in-8	1	3 90	Delagrave	»	»	P S	S	»
Cahu	Le Soldat français à travers l'histoire,	in-18	1	3 50	Flammarion	»	»	P S	»	»
Caritte	Clamart, de 1789 à 1893	in-8	1			»	Prix banlieue			»
Challamel	Vive la Patrie	in-8	1	1 30	Ancienne libr. Furne	»	»	»	M S	M S
Claretie	Le Drapeau	in-8	1	3 50	Libr. illustrée	»	»	»	M S	»
Crozals (de)	Lectures historiques	in-12	1	5 »	Delagrave	C M	»	P S	S	S
Delon	Histoire d'un village avant la Révolution.	in-8	1	4 50	Floury.	»	»	»	M S	M S
Delorme (A.)	Journal d'un sous-officier en 1870	in-8	1	1 10	Hachette	»	»	P S	S	»
Deschanel	Le peuple et la bourgeoisie	in-8	1	5 »	F. Alcan	»	»	Prés	P S	A
Desmaret	La Marine française	in-8	1	1 25	Larousse et Cie	»	»	P S	»	»
Despois	Le Vandalisme révolutionnaire	in-12	1	3 50	F. Alcan	»	»	P S	»	»

AUTEURS	TITRES DES OUVRAGES	FORMAT	NOMBRE DE VOLUMES	PRIX FORT	ÉDITEURS	DESTINATION				
						Collèges municipaux	Écoles professionnelles	Écoles primaires supérieures	Écoles de garçons	Écoles de filles
Driault et Monod	Histoire générale	in-18	3	11 50	F. Alcan	»	»	P S	S C	»
Duban	Souvenirs militaires 1848-1887	in-12	1	3 50	Plon, Nourrit et Cie	»	»	»	S C	»
Dubois	Le livre du jeune Français	in-8	1	4 »	F. Didot	»	»	»	M S	M S
Engelhard	Souvenirs d'Alsace	in-12	1	3 »	Berger-Levrault	»	»	P S	S	S
Fleurigand	Un Cadet de Provence	in-8	1	2 »	F. Didot	»	»	»	M S	M S
Freeman (Edw.)	Histoire générale de l'Europe par la géographie politique (avec atlas).	in-8	1 et l'atlas	30 »	A. Colin	»	»	P S	S	S
Gaffarel (P.)	La Conquête de l'Afrique	in-8	1	3 »	Hachette	»	»	»	S C	S C
Garsault et Saugon	Pour aimer la France	in-8	1	2 50	Gedalge	»	»	»	M S	»
Grand-Carteret	XIXe Siècle	in-4	1	30 »	F. Didot	C M	»	P S	S C	S C
Guizot	Histoire de la civilisation en Europe	in-16	1	3 50	Perrin	C M	»	»	»	»
Hannedouche	Au milieu de la bataille	in-4	1	1 90	H. Martin	»	»	»	M S	»
Hanotaux	Études historiques sur le seizième et le dix-septième siècles.	in-12	1	3 50	Hachette	C M	»	»	»	»
Jonnès (de)	Aventures de guerre	in-8	1	7 50	Guillaumin	»	»	P S	S C	»
La Gravière (J. de)	Guerres maritimes	in-18	2	7 »	E. Fasquelle	C M	»	P S	»	»
Laurent	Les Prisons du vieux Paris	in-8	1	3 20	Picard et Kaan	»	»	»	M S	»
Lavisse et Parmentier	Album historique (le moyen âge)	f't album	1	15 »	A. Colin	»	Plles	P S	»	»
Lavisse et Parmentier	Album historique fin du moyen âge (quatorzième et quinzième siècles).	f't album	1	15 »	A. Colin	»	Plles	P S	»	»
Lavisse et Parmentier	Album historique (seizième et dix-septième siècles).	f't album	1	15 »	A. Colin	»	Plles	P S	»	»
Lavisse et Rambaud	Histoire générale (onze volumes parus).	in-8	10	12 » l'un	A. Colin	C M	»	»	»	»
Lichtenberger	Le Socialisme et la Révolution française.	in-8	1	5 »	F. Alcan	»	»	P S	»	»
Loir (M.)	Gloires et souvenirs maritimes	in-4	1	4 50	Hachette	»	»	P S	S	»
Lucipia (L.)	Seine et Paris	in-8	1	3 50	Dentu	»	»	P.S	M S	M S
Manesse	Les Paysans et leurs Seigneurs avant 1789.	in-18	1	2 50	Ancienne libr. Furne	»	»	P S	S	S
Massillon-Rouvet	Liberté conquise	in-4	1	6 »	H. May	»	»	P S	C	C
Mathis	L'Alsace et les Alsaciens à travers les siècles.	in-8	1	12 »	Ancienne libr. Furne	»	»	P S	S	S

AUTEURS	TITRES DES OUVRAGES	FORMAT	NOMBRE DE VOLUMES	PRIX FORT	ÉDITEURS	DESTINATION				
						COLLÉGES municipaux	ÉCOLES professionnelles	ÉCOLES primaires supérieures	ÉCOLES de garçons	ÉCOLES de filles
Mercier (A.)	Aux temps féodaux	in-8	1	» 90	H. May	»	»	»	E	E
Mézières (A.)	Récits de l'invasion	in-12	1	3 50	Perrin	»	»	P S	M S	M S
Michelet	Précis de l'histoire moderne	in-8	1	7 50	Flammarion	»	»	P S	S	S
Michelet	Précis de l'histoire moderne	in-12	1	3 50	Calmann-Lévy	»	»	P S	S	S
Oger	Notices historiques	in-12	1	4 »	Delagrave	»	»	»	S	S
Prévost-Paradol	Essai sur l'histoire universelle	in-16	2	7 »	Hachette	C M	»	»	»	»
Prévost-Paradol	Élisabeth et Henri IV	in-18	1	3 50	Calmann-Lévy	C M	»	»	»	»
Richard (J.)	La Jeune Armée	in-8	1	20 »	Libr. illustrée	»	»	P S	»	»
Richebourg et Collas	Les grands Dévouements (récits patriotiques).	in-12	1	5 50	Fayard	»	»	»	E M S	E M S
Rimbert	Les Gloires du drapeau	in-4	1	3 50	Tallandier	»	»	»	M S	»
Risler (Ch.)	Neuf-Brisach	in-12	1	2 »	Berger-Levrault	»	»	P S	S	S
Rodocanachi	Bonaparte et les îles Ioniennes	in-8	1	3	F. Alcan	»	»	P S	»	»
Rogeron	Souvenirs d'un Prisonnier de guerre (1870).	in-8	1	» 75	H Martin	»	»	»	M S	»
Rousselet	Nos Grandes Écoles militaires et civiles.	in-8	1	7 »	Hachette	»	»	P S	S	»
Rousselet	Nos Grandes Écoles d'application militaires et civiles.	in-8	1	7 »	Hachette	»	»	P S	»	»
Salomon	Lectures historiques sur l'histoire contemporaine.	in-12	1	3 50	F. Alcan	»	»	P S	C	»
Seignobos	Histoire de la civilisation (abrégé)	in-12	1	1 25	Masson	»	»	P S	S	»
Seignobos	Histoire politique de l'Europe contemporaine.	in-8	1	12 »	A. Colin	C M	»	P S	»	»
Seinguerlet	Strasbourg pendant la Révolution	in-8	1	6 »	Berger-Levrault	»	»	P S	S	»
Siebecker	Histoire de l'Alsace (illustré)	in-12	1	3 »	Hetzel	»	»	P S	S	S
Tarsot	Les Écoles et les Écoliers à travers les âges.	in-8	1	10 »	Laurens	»	»	P S	»	»
Thierry (Aug.)	Dix Ans d'études historiques	in-16	1	2 »	Ancienne libr. Furne	»	»	P S	S	S
Thoumas (Génal)	Les Vertus guerrières	in-12	1	3 »	Berger-Levrault	»	»	P S	S	»
Tissandier	Souvenirs et Récits d'un aérostier militaire de l'armée de la Loire.	in-8	1	4 50	Dreyfous	»	»	»	M S	M S
Titeux	Saint-Cyr et l'École spéciale militaire en France.	gr. in-4	1	30 »	F. Didot	C M	»	P S	»	»

AUTEURS	TITRES DES OUVRAGES	FORMAT	NOMBRE DE VOLUMES	PRIX FORT	ÉDITEURS	DESTINATION				
						COLLÈGES municipaux	ÉCOLES professionnelles	ÉCOLES primaires supérieures	ÉCOLES de garçons	ÉCOLES de filles
Toulouze	Histoire d'un village ignoré (Balnoléum).	in-8	1		Schmidt	Prix banlieue.				
Villiers du Terrage	Journal et souvenirs de l'expédition d'Egypte (1798-1801)	in-8	1	5 »	Plon, Nourrit et Cᵉ	»	»	P S	S C	»
Witt (Mᵐᵉ de)	Histoires de l'ancien temps	in-8	1	3 »	Hachette	C M	»	P S	S	S
X.	L'Alliance franco-russe racontée par l'image.	album	1	3 »	Tallandier	»	»	»	M S	M S
X...	Cinquantenaire du collège Chaptal...	in-4	1	3 »	Hennuyer	C M	»	»	»	»
Yvert	Récits de guerre (combats de l'armée du Rhin 1870)	in-8	1	3 50	F. Didot	»	»	P S	S	»

2ᵉ SÉRIE

A. — Atlas et Dictionnaires géographiques.

AUTEURS	TITRES DES OUVRAGES	FORMAT	NOMBRE DE VOLUMES	PRIX FORT	ÉDITEURS	COLLÈGES municipaux	ÉCOLES professionnelles	ÉCOLES primaires supérieures	ÉCOLES de garçons	ÉCOLES de filles
Dubois (M.) et Guy (C.)	Album géographique : I. Aspects généraux de la nature.	in-4	1	15 »	A. Colin	»	»	»	S C	S C
Dubois (M.) et Guy (C.)	Album géographique : II. Les régions tropicales.	in-4	1	15 »	A. Colin	»	»	»	S C	S C
Dubois (M.) et Guy (C.)	Album géographique : III. Les régions tempérées.	in-4	1	15 »	A. Colin	»	»	»	S C	S C
Foncin	Géographie historique..............	in-4	1	6 »	A. Colin	»	»	P S	S	S
Foncin	Géographie générale...............	in-4	1	12 »	A. Colin	»	»	P S	S C	S C
Foncin	Atlas général sans texte	in-4	1	7 50	A. Colin	»	»	P S	S	S
Larousse	Atlas Larousse illustré (France et colonies françaises).	in-4	1	11 »	Larousse	»	»	P S	S	S
Larousse	Atlas Larousse illustré (les cinq parties du monde) moins la France.	gr. in-4	1	16 »	Larousse	»	»	P S	S C	S C
Niox et Darsy	Atlas de géographie (80 cartes).......	in-4	1	12 »	Delagrave	»	»	P S	»	»
Pauly	Grand Atlas général................	in-4	1	7 »	G. Guérin	»	»	P S	S	S
Schrader - Prudent	Atlas de géographie moderne........	in-4	1	25 »	Hachette	»	»	P S	»	»
Vidal de la Blache	Atlas général historique et géographique.	in-4	1	30 »	A. Colin	»	»	P S	S C	S C

B. — France et Colonies.

AUTEURS	TITRES DES OUVRAGES	FORMAT	NOMBRE DE VOLUMES	PRIX FORT	ÉDITEURS	Collèges municipaux	Écoles professionnelles	Écoles primaires supérieures	Écoles de garçons	Écoles de filles
Badin	Le Tonkin	in-8	1	1 75	Ancienne libr. Furne	»	»	»	M S	»
Bainier	Géographie générale. — La France...	in-8	1	20 »	Belin	»	»	P S	»	»
Bertaux	Les grandes villes de France	in-8	1	2 50	H. May	»	»	P S	»	»
Bouinais	La France en Indo-Chine	in-12	1	3 50	Challamel	»	»	P S	S	S
Brossard	La France du Nord	in-4	1	25 »	Flammarion	C M	»	P S	S	S
Canivet (Ch.)	Les Colonies perdues	in-16	1	2 15	Ancienne libr. Furne	»	»	P S	»	»
Cazes (E.)	La Provence et les Provençaux	in-8	1	2 50	Gedalge	»	»	P S	S	S
Crozals (de)	La France. — Anthologie géographique.	in-12	1	3 »	Delagrave	»	»	P S	S C	S C
Delapierre	Paris et le Département de la Seine..	in-8	1	» 90	Picard et Kaan	»	»	P S	M S	M S
Dubois (M.)	France et Colonies	in-8	1	6 »	Masson	»	»	P S	M S	M S
Dumoulin	Le Tonkin	in-8	1	3 90	Delagrave	»	»	»	M S	M S
Durier	Le Mont Blanc	in-12	1	3 50	Fischbacher	»	»	P S	»	»
Gaffarel	Les Colonies françaises	in-8	1	5 »	F. Alcan.	»	»	P S	S	»
Gaffarel	Le Sénégal et le Soudan français	in-8	1	2 30	Delagrave	»	»	P S	M S	M S
Gazeau	Nos Frontières (Histoire de leur formation).	in-8	1	1 45	H. Martin	»	»	P S	S	S
Guillon	Histoire des Colonies françaises	in-8	1	» 95	H. Martin	»	»	»	M S C	M S C
Haurigot (G.)	Le Sénégal	in-8	1	1 »	Lecène	»	»	»	S	S
Hue (C.) et Haurigot (G.)	Nos petites Colonies	in-12	1	3 50	Lecène	»	»	P S	S	S
Lacroix (Paul)	La Marine et les Colonies	in-8	1	4 »	F. Didot	C M	»	P S	S	»
Lalanne	La France et ses Colonies au dix-neuvième siècle.	in-8	1	8 »	Picard et Kaan	»	»	P S	S	»
Lanessan (de)	La Colonisation française en Indo-Chine.	in-12	1	3 50	F. Alcan	»	»	P S	A	»
Levasseur	Les Alpes	in-8	1	5 »	Delagrave	»	»	P S	S	S
Levasseur	La France et ses Colonies	in-8	1	24 »	Delagrave	»	»	P S	S	S

AUTEURS	TITRES DES OUVRAGES	FORMAT	NOMBRE DE VOLUMES	PRIX FORT	ÉDITEURS	DESTINATION				
						COLLÈGES municipaux	ÉCOLES professionnelles	ÉCOLES primaires supérieures	ÉCOLES de garçons	ÉCOLES de filles
Martel (A·)	Les Cévennes	in-8	1	5 »	Delagrave	»	»	P S	S	S
Miallier (Mˡˡᵉ)	Nos Colonies	in-4	1	4 »	Challamel	»	»	P S	M S	M S
Michelet	Notre France	in-12	1	3 50	Flammarion	»	»	P S	S	S
Monnier	Notre belle patrie	in-8	1	3 »	Hachette	»	»	P S	M S C	M S C
Petit	Le Tonkin	in-8	1	2 »	Lecène	»	»	P S	S C	S C
Quesnoy	L'Algérie	in-12	3	2 15	Ancienne libr. Furne	»	»	»	S	S
Rambaud	La France coloniale	in-8	1	8 »	A. Colin	C M	»	P S	S	S
Reclus (E.)	Nouvelle Géographie universelle (la France).	in-8	1	30 »	Hachette	»	»	P S	»	»
Reclus (O.)	En France	in-8	1	8 »	Hachette	»	»	P S	S	S
Reclus (O.)	Nos Colonies	in-8	1	8 »	Hachette	»	»	P S	S	S
Strauss	Paris ignoré	gr. in-4	1	25 »	H. May	C M	»	P S	»	»
Wahl (M.)	L'Algérie	in-8	1	5 »	F. Alcan	»	»	P S	S	S
Wahl	La France aux Colonies	in-8	1	4 »	H. May	»	»	P S	S	S
X.	L'expansion coloniale (1ʳᵉ partie)	in-18	2	2	H. May	»	»	P S	S	S

C. — Géographie générale.

AUTEURS	TITRES DES OUVRAGES	FORMAT	NOMBRE DE VOLUMES	PRIX FORT	ÉDITEURS	COLLÈGES municipaux	ÉCOLES professionnelles	ÉCOLES primaires supérieures	ÉCOLES de garçons	ÉCOLES de filles
Bainier	Géographie générale (l'Afrique)	in-8	1	20 »	Belin	»	»	P S	»	»
Didier (L.)	L'Amérique anthologique géographique.	in-12	1	4 »	Delagrave	»	»	P S	»	»
Dubois	Systèmes coloniaux et peuples colonisateurs.	in-12	1	3 50	Masson	»	»	P S	»	S
Dubois	Les régions tempérées	in-4	1	15 »	A. Colin	»	»	»	S C	S C
Lanier	Choix de lectures géographiques (l'Europe).	in-12	1	7 »	Belin	»	»	P S	S	S
Lanier	Choix de lectures géographiques (l'Afrique).	in-12	1	6 50	Belin	»	»	P S	S	S
Lanier	Choix de lectures géographiques (l'Amérique).	in-12	1	4 »	Belin	»	»	P S	S	S
Lanier	Choix de lectures géographiques (l'Asie, 1ʳᵉ partie, Asie russe, Turkestan, Asie ottomane, Iran).	in-16	1	4 »	Belin	»	»	P S	S	S
Lanier	Choix de lectures géographiques (l'Asie, 2ᵉ partie, Indes orientales, Indo-Chine, Empire chinois, Japon)	in-16	1	6 50	Belin	»	»	P S	S	S
Niox (G.)	Résumé de géographie physique et historique, 3ᵉ partie.	in-8	1	5 »	Delagrave	»	»	P S	»	»
Reclus (E.)	Les Continents	in-8	1	15 »	Hachette	»	»	P S	S	S
Reclus (E.)	Histoire d'un ruisseau (illustré)	in-18	1	3 »	Hetzel	»	»	P S	M S	S
Reclus (E.)	Nouvelle géographie universelle (Europe centrale).	in-4	1	30 »	Hachette	»	»	P S	S C	S C
Reclus (E.)	Nouvelle géographie universelle (Europe méridionale).	in-4	1	30 »	Hachette	»	»	P S	S C	S C
Reclus (E.)	Nouvelle géographie universelle (Europe Nord-Ouest).	in-4	1	30 »	Hachette	»	»	P S	S C	S C
Reclus (E.)	Nouvelle géographie universelle (Europe scandinave et russe).	in-4	1	30 »	Hachette	»	»	P S	S C	S C
Reclus (E.)	Nouvelle géographie universelle (l'Afrique septentrionale, 1ʳᵉ partie).	in-4	1	20 »	Hachette	»	»	P S	S C	»
Reclus (E.)	Nouvelle géographie universelle (l'Afrique septentrionale, 2ᵉ partie.	in-4	1	30 »	Hachette	»	»	P S	S C	»
Reclus (E.)	Nouvelle géographie universelle (Inde et Indo-Chine).	in-4	1	30 »	Hachette	»	»	P S	S C	»
Reclus (E.)	Nouvelle géographie universelle (Asie russe).	in-4	1	30 »	Hachette	»	»	P S	S C	»
Reclus (E.)	Nouvelle géographie universelle (Asie orientale).	in-4	1	30 »	Hachette	»	»	P S	S C	»
Reclus (O.)	La Terre à vol d'oiseau	in-8	1	12 »	Hachette	»	»	P S	M S	M S

D. — Voyages.

AUTEURS	TITRES DES OUVRAGES	FORMAT	NOMBRE DE VOLUMES	PRIX NET	ÉDITEURS	DESTINATION				
						Collèges municipaux	Écoles professionnelles	Écoles primaires supérieures	Écoles de garçons	Écoles de filles
Adenis	Les Étapes d'un touriste en France (de Marseille à Menton) illustr. et cartes.	in-16	1	7 »	Hennuyer	»	»	P S	S	S
Ajalbert (J.)	L'Auvergne	gr. in-4	1	23 »	H. May	»	»	P S	S C	S C
Aliou (M.)	En Chine	in-8	1	2 90	Delagrave	»	»	»	M S	M S
Améro	A travers les océans (l'Océan atlantique)	in-8	1	4 50	Picard et Kaan	»	»	»	M	M
Améro	Le tour de France d'un petit Parisien.	in-4	1	3 50	Tallandier	»	»	»	C	»
Améro	Les Aventuriers de la mer	gr. in-4	1	5 »	Lecène	»	»	»	M S C	»
Andréi	A travers la Corse (illustr. et Cartes)..	in-16	1	6 »	Hennuyer	»	»	P S	S	S
Antichan	La Tunisie	in-8	1	2 90	Delagrave	»	»	»	M S	M S
Arthez (d')	La route de Damas	in-8	1	2 »	Hachette	»	»	P S	S C	S C
Avelot et de la Nézière	Monténégro, Bosnie, Herzégovine	in-8	1	10 »	Laurens	»	»	P S	M S C	»
Babeau (A.)	Les Voyageurs en France	in-12	1	3 50	F. Didot	C M	»	P S	S	S
Badin	Une Famille parisienne à Madagascar	in-8	1	7 »	A. Colin	»	»	P S	M S	M S
Balcam	Promenades en Russie	in-8	1	1 35	Delagrave	»	»	P S	C	C
Barron	La Seine	in-8	1	4 »	Laurens	»	»	P S	S	S
Barron	La Loire	in-8	1	4 »	Laurens	»	»	P S	S	S
Barron	La Garonne	in-8	1	4 »	Laurens	»	»	P S	S	S
Barron	Le Rhône	in-8	1	4 »	Laurens	»	»	»	M S	M S
Barron (L.)	Autour de Paris	gr. in-4	1	25 »	H. May	»	»	P S	S	S
Baudel	Un an à Alger	in-8	1	2 30	Delagrave	»	»	P S	»	»
Bazin	Terre d'Espagne	in-12	1	3 50	Calmann-Lévy	»	»	»	M S	M S
Bernard (M.)	Autour de la Méditerranée (les Côtes latines, la France).	in-8	1	10 »	Laurens	C M	Plles	P S	S	S
Bernard (M.)	Autour de la Méditerranée (Côtes barbaresques).	in-8	1	10 »	Laurens	C M	Plles	P S	S	S
Bernard (M.)	Autour de la Méditerranée (Côtes latines, l'Italie).	in-8	1	10 »	Laurens	C M	Plles	P S	S C	S C

AUTEURS	TITRES DES OUVRAGES	FORMAT	NOMBRE DE VOLUMES	PRIX FORT	ÉDITEURS	DESTINATION				
						collèges munici- paux	écol-s profes- sion- n l'es	écoles primaires supé rieures	écoles de garçons	écoles de fille
Bernard	Autour de la Méditerranée, l'Autriche et la Grèce.	in-8	1	10 »	Laurens	C M	Pᶦᶦᵉˢ	P S	S C	S C
Bernard	Autour de la Méditerranée, de Salonique à Jérusalem.	in-8	1	10 »	Laurens	C M	Pᶦᶦᵉˢ	P S	S C	S C
Bonnefond (G.)	Voyage en zigzags de deux jeunes Français en France.	in-4	1	9 »	Dreyfous	»	»	»	M S	M S
Bonnetain (P.)	L'Extrême Orient	gr. in-8	1	30 »	H. May	»	»	P S	S C	S C
Bonnetain (Mᵐᵉ P.)	Une Française au Soudan (sur la route du Tchad).	in-18	1	3 50	H. May	»	»	P S	»	»
Bonvalot	Du Caucase aux Indes par le Pamir..	in-8	1	20 »	Plon, Nourrit et Cᵉ	»	»	P S	S	S
Bordeaux	Rhodésie et Transvaal	in-18	1	4 »	Plon, Nourrit et Cᵉ	»	»	»	S C	»
Bouchet (E.)	A travers le monde	in-8	1	3 50	Havard	»	»	»	S C	S C
Bouinais	De Hanoï à Pékin	in-12	1	3 50	Berger-Levrault	»	»	P S	»	»
Bourde (P.)	De Paris au Tonkin	in-18	1	3 50	Calmann-Lévy	»	»	P S	S	S
Boureily (Gᵃˡ)	Les perles de la Côte d'Azur	gr. in-4	1	40 »	Laurens	C M	Pᶦᶦᵉˢ	P S	S C	S C
Boussenard	Les Français au pôle nord	in-8	1	10 »	E. Flammarion	»	»	»	M	M
Brazza (de)	Ses Trois Explorations dans l'Ouest africain.	in-8	1	9 »	Dreyfous	»	»	P S	S	S
Brosselard (H.)	Les Deux Missions Flatters au pays des Touaregs.	in-8	1	2 50	Ancienne libr. Furne	»	»	P S	M S	M S
Brunet	de Marseille à Tamatave	in-8	1	2 30	Delagrave	»	»	P S	M S	M S
Cadart (Gᵃˡ)	Souvenirs de Constantine	in-12	1	3 50	F. Didot	»	»	»	S	S
Cagnat et Saladin	Voyage en Tunisie	in-18	1	4 »	Hachette	C M	»	P S	»	»
Capus (G.)	A travers le royaume de Tamerlan (illust. et cartes).	in-8	1	12 »	Hennuyer	»	»	P S	S C	S C
Caradex	De France en Russie	in-12	1	3 50	P. Dupont	»	»	»	S C A	»
Cat (A.)	A travers le désert	in-4	1	3 30	Gédalge	»	»	P S	S C	S C
Charnay (D.)	A travers les forêts vierges	in-8	1	3 »	Hachette	»	»	P S	C	C
Chaillu (P. du)	Un Hiver en Laponie	in-8	1	15 »	Calmann-Lévy	»	»	P S	S	S
Child (Th.)	Les Républiques hispano-américaines.	in-8	1	8 »	Tallandier	C M	»	P S	S	S
Cholet	Excursions au Turkestan et sur la frontière.	in-18	1	4 »	Plon, Nourrit et Cᵉ	»	»	P S	S	S
Cook	Les Trois Voyages du capitaine Cook..	in-8	1	4 50	Dreyfous	»	»	»	M	M

AUTEURS	TITRES DES OUVRAGES	FORMAT	NOMBRE DE VOLUMES	PRIX FORT	ÉDITEURS	DESTINATION				
						collèges municipaux	écoles professionnelles	écoles primaires supérieures	écoles de garçons	écoles de filles
Cons (H.) et Moy	Le Nord pittoresque de la France....	in-4	1	5 »	Lecène	»	»	P S	»	»
Constant de Tours	De Paris à la mer	gr. in-4	1	10 »	H. May	»	»	P S	A	A
Conway	Ascensions et explorations à 7,000 mètres dans l'Himalaya.	in-12	1	4 »	Hachette	»	»	»	S	S
Coussot et Ruel	Douze mois chez les sauvages du Laos	»	1	» »	Challamel	»	»	»	S	S
Dain	Noirs et Jaunes	in-12	1	4 »	Perrin	»	»	P S	S	S
Delaporte	Voyage au Cambodge	in-8	1	5 »	Delagrave	»	»	P S	»	»
Delines (M.)	Russie	gr. in-4	1	12 »	H. May	»	»	»	S C	S C
Derennes	A travers les Alpes françaises	in-4	1	3 50	Gedalge	»	»	P S	»	»
Deschamps	La Grèce d'aujourd'hui	in-18	1	3 50	A. Colin	»	»	P S	»	»
Dex (L.)	Le Record du tour de la terre	in-8	1	3 25	Ancienne libr. Furne	»	»	»	M S	»
Divers	Magasin pittoresque	in-8	1	10 »	Jouvet	»	»	»	S	S
Divers.	Les Capitales du monde	in-4	1	8 »	Hachette	C M	»	P S	S C	S C
Donnet (G.)	Le Dauphiné	gr. in-4	1	20 »	H. May	»	»	P S	M S	M S
Dronsart (Mᵐᵉ)	Les Grandes Voyageuses	in-8	1	3 »	Hachette	»	»	P S	»	S
Dubois (Félix)	La Vie au Continent noir	in-8	1	7 »	Hetzel	»	»	»	M S	M S
Dupouy	Les Chasses du Soudan	in-12	1	» »	Challamel	»	»	P S	S C	S C
Durand (H.)	Hollande et Hollandais	in-8	1	12 »	Ancienne libr. Furne	»	»	P S	C	C
Dybowsky	La Route du Tchad	in-8	1	10 »	F. Didot	C M	Plles	P S	S C	»
Faillu (E.)	Zigzags en Provence	in-8	1	1 40	Delagrave	»	»	P S	»	»
Fath (G.)	Prisonniers dans les glaces	in-8	1	2 »	Hatier	»	»	P S	S	S
Funtras	De la Loire à l'Oder	in-8	1	1 40	Hachette	»	»	»	S	S
Filoz	Cambodge et Siam	in-8	1	1 80	Gedalge	»	»	»	M S	M S
Foâ (E.)	Le Dahomey (illust., plan et carte)	in-8	1	12 »	Hennuyer	»	»	P S	»	»
Foâ (E.)	Chasses aux grands fauves dans l'Afrique centrale.	in-8	1	10 »	Plon, Nourrit et Cⁱᵉ	»	»	P S	M S	M S
Foâ (E.)	Du Cap au lac Nyassa	in-18	1	4 »	Plon, Nourrit et Cⁱᵉ	»	»	P S	C	»

AUTEURS	TITRES DES OUVRAGES	FORMAT	NOMBRE DE VOLUMES	PRIX FORT	ÉDITEURS	COLLÈGES munici-paux	ÉCOLES profes-sion-nelles	ÉCOLES primaires supé-rieures	ÉCOLES de garçons	ÉCOLES de filles
Foâ (E.)	Mes Grandes Chasses dans l'Afrique centrale.	in-8	1	7 50	F. Didot	»	E P	P S	C	C
Fontperluis (de)	Les États-Unis de l'Amérique septentrionale.	in-8	1	8 »	Guillaumin	»	»	P S	»	»
Fraipont (G.)	Les Montagnes de France (les Vosges).	in-8	1	10 »	Laurens	»	»	P S	C	C
Fraipont (G.)	Les Montagnes de France (le Jura)...	in-8	1	10 »	Laurens	»	»	P S	S C	S C
Franck	Voyages et découvertes de Crevaux. .	in-8	1	» 90	Picard et Kaan	»	»	»	M S	M S
Franck	Voyages et découvertes de René Caillé.	in-8	1	» 90	Picard et Kaan	»	»	»	M S	M S
Fredé (P.)	Excursions en Sicile	in-8	1	2 »	Delagrave	»	»	»	M S	M S
Fredé (P)	Voyage au Cap Nord et en Laponie...	in-8	1	2 »	Delagrave	»	»	»	S C	»
Fridtjof Nansen	Vers le Pôle	in-8	1	10 »	Flammarion	»	»	P S	S	»
Gailly de Taurines	La Nation canadienne	in-12	1	3 50	Plon , Nourrit et Cᵉ	»	»	P S	S	S
Garaud	Trois Ans à la Martinique	in-8	1	4 50	Picard et Kaan	»	»	»	M S	S
Garcin	Un An chez les Muongs	in-8	1	4 »	Plon , Nourrit et Cᵉ	»	»	»	M S	M S
Garnier (N.)	L'Afrique (Anthologie géographique) .	in-12	1	4 »	Delagrave	»	E P	P S	C	C
Gasnier	Le Maroc	in-8	1	2 50	Ancienne libr. Furne	»	»	»	M S	M S
Gavard et Périer	Vie et Voyages de David Livingstone..	in-12	1	2 »	Delagrave	»	»	P S	M S	M S
Ginisty	De Paris au cap Nord	in-8	1	8 »	Louis Chaux	»	»	P S	»	»
Girard	Les Rivages de France hier et aujourd'hui.	in-8	1	2 90	Delagrave	»	»	»	M S	M S
Goudareau	Excursions au Japon	in-4	1	4 50	Picard et Kaan	»	»	P S	»	»
Gourdault (J.)	La Suisse pittoresque	in-8	1	3 »	Hachette	»	»	P S	M S	M S
Gourdault (J.)	L'Europe pittoresque	in-8	1	8 »	Hachette	»	»	P S	S C	S C
Gourdault (J.)	L'Italie pittoresque	in-8	1	3 »	Hachette	»	»	P S	M S	M S
Gourdault (J.)	Rome et la Campagne romaine	in-8	1	2 60	Hachette	»	»	P S	S	S
Gourdault (J)	La France pittoresque	in-8	1	8 »	Hachette	»	»	P S	S	S
Gourdault (J.)	De Paris à Paris à travers les deux mondes.	in-8	1	5 50	Ancienne libr. Furne	»	»	P S	S	S
Gourmont (de)	Chez les Lapons	in-8	1	» 75	F. Didot	»	»	»	E M	E M

AUTEURS	TITRES DES OUVRAGES	FORMAT	NOMBRE DE VOLUMES	PRIX FORT	ÉDITEURS	DESTINATION				
						COLLÈGES munici-paux	ÉCOLES profes-sion-nelles	ÉCOLES primaires supé-rieures	ÉCOLES de garçons	ÉCOLES de filles
Gourmont (de)	Les Canadiens de France............	in-8	1	2 »	F. Didot	»	»	P S	S	S
Grad (Ch.)	L'Alsace.......................	in-4	1	8 »	Hachette	»	»	P S	S C	S C
Grébauval.	Au Pays latin....................	in-8	1	4 »	Ancienne libr. Furne	»	»	»	M S C	M S C
Gros (J.)	Les Français en Guyane............	in-8	1	1 45	Picard et Kaan	»	»	»	M S	M S
Gros (J.)	Nos Explorateurs en Afrique........	in-8	1	1 45	Picard et Kaan	»	»	P S	M S	M S
Grosclaude	Un Parisien à Madagascar..........	in-4	1	10 »	Hachette	»	»	P S	S	»
Guéchot	La Conquête du globe.............	in-8	1	2 50	Gedalge	»	»	»	M S	M S
Guyon (Ch).	Des Ardennes en Italie	in-8	1	2 50	Gedalge	»	»	»	M S	M S
Guyon (Ch.)	Voyage au pays des tempêtes	in-4	1	8 »	Gedalge	»	»	»	M S	M S
Habert (C)	Au Soudan	in-8	1	2 »	Delagrave	»	»	P S	S	S
Hall (Francis)	Deux ans chez les Esquimaux........	in-8	1	1 10	Hachette	»	»	P S	S	S
Hervé (J.)	L'Egypte.......................	in-8	1	2 50	Ancienne libr. Furne	»	»	P S	S	»
Hulot	De l'Atlantique au Pacifique........	in-18	1	4 »	Plon, Nourrit et Cᵉ	»	»	»	M S	M S
Irving (Washington)	Vie et Voyages de Christophe Colomb.	in-8	1	1 10	Hachette	»	»	»	M S	M S
Ivoi (P. D') et Chabrillat	Les cinq sous de Lavarède..........	in-4	1	10 »	Ancienne libr. Furne	»	»	P S	M	M
Ivoi (P. D')	Le cousin de Lavarède.............	in-4	1	10 »	Ancienne libr. Furne	»	»	P S	M S C	M S C
Ivoi (P. D')	Le sergent Simplet.................	in-4	1	10 »	Ancienne libr. Furne	»	»	P S	M S	M S
Ivoi (P. D')	Jean Fanfare.....................	in-4	1	10 »	Ancienne libr. Furne	»	»	P S	M S	M S
Ivoi (P. D')	Corsaire Triplex..................	in-8	1	10 »	Ancienne libr. Furne	»	»	»	M S C	M S C
Ivoi (P.)	Le capitaine Nilia	in-4	1	10 »	Ancienne lib. Furne	»	»	P S	M S	M S
Jousset	Un tour de Méditerranée...........	in-4	1	7 50	H. May.	»	»	»	S	S
Kohn-Abrest	La Tripolitaine	in-8	1	1 35	Delagrave	»	»	»	M S	M S
Labesse (Ed.) et Pierret (H.)	Notre pays de France (Bretagne)	in-4	1	5 »	Ducrocq	»	»	P S	M S	M S
Labesse (Ed.) et Pierret (H.)	Voyage de famille (région des Cévennes).	in-4	1	5 »	Ducrocq	»	»	P S	M S	M S
Labesse (Ed.) et Pierret (H.)	En cheminant (Auvergne)...........	in-4	1	5 »	Ducrocq	»	»	P S	M S	M S

AUTEURS	TITRES DES OUVRAGES	FORMAT	NOMBRE DE VOLUMES	PRIX FORT	ÉDITEURS	DESTINATION				
						collèges munici-paux	écoles profes-sion-nelles	écoles primaires supé-rieures	écoles de garçons	écoles de filles
Labonne	L'Islande et l'Archipel de Féroë.......	in-12	1	4 »	Hachette	»	»	P S	S	M S
Lachambre et Machuron	Au Pôle Nord et Ballon.............	in-12	1	» »	Nilson	»	»	P S	S	»
Lacoin de Vil-morin	De Paris à Bombay par la Perse......	in-8	1	10 »	F. Didot	»	»	P S	S	S
Lagrillière-Beauclerc	Mission au Sénégal et au Soudan.....	in-8	1	5 »	Tallandier	»	»	»	C	»
Lallemand	Tunis et ses Environs...............	in-4	1	35 »	H. May	»	»	P S	S	»
Lallemand	La Tunisie......................	in-4	1	35 »	H. May	»	»	P S	S C	S C
Lallemand	De Paris au désert................	in-4	1	20 »	H. May	C M	»	P S	S	S
La Monnoye (de)	Vers le pôle Nord en Norwège.......	in-8	1	2 30	Delagrave	»	»	»	M S	M S
Larocque (J.)	Par delà la Manche	in-8	1	1 35	Delagrave	»	»	P S	S C	S C
Laubot (Mᵐᵉ M.)	Quatre ans chez les sauvages........	in-8	1	1 30	Gedalge	»	»	»	M S	M S
Laurie (A.)	De New-York à Brest en sept heures..	in-18	1	3 »	Hetzel	»	»	»	M S	M S
Le Bon	Les Civilisations de l'Inde..........	in-8	1	15 »	Flammarion	»	»	P S	»	».
Lechartier et Pellerin	Madagascar......................	in-12	1	2 15	Ancienne libr. Furne	»	»	P S	S	»
Leclerc (Max.)	Les Professions et la Société en An-gleterre.	in-18	1	4 »	A. Colin	»	»	P S	»	»
Leclercq (J.)	Au pays de Paul et Virginie..........	in-18	1	4 »	Plon, Nourrit et Cᵉ	»	»	P S	S C	S C
Leclercq (J.)	Voyage au mont Ararat.............	in-18	1	4 »	Plon, Nourrit et Cᵉ	»	»	P S	S	S
Leclercq (J.)	A travers l'Afrique australe..........	in-18	1	4 »	Plon, Nourrit et Cᵉ	»	»	»	S C	S C
Legras	En Sibérie	in-18	1	4 »	A. Colin	»	»	»	S	S
Le Mansois	De Montmartre à Montrouge	in-8	1	1 30	Ancienne libr. Furne	»	»	»	M S	M S
Leturque	Le Grand Serpent	in-8	1	5 »	Ancienne libr. Furne	»	»	»	M S	M S
Lisbonne (E.)	La Navigation maritime............	in-8	1	5 »	H. May	»	»	P S	»	»
Livingstone	Voyage d'exploration au Zambèze et dans l'Afrique centrale.	in-8	1	1 10	Hachette	»	»	P S	S	S
Lonlay (D. de)	A travers la Bulgarie..............	in-8	1	3 50	Garnier	»	»	P S	S	S
Loubeau (de)	La Méditerranée pittoresque.........	in-4	1	25 »	A. Colin	»	»	P S	S C	S C
Lysle (Mᵉ de)	Au Pays des mille lacs.............	in-8	1	1 90	Picard et Kaan	»	»	»	M S	M S

AUTEURS	TITRES DES OUVRAGES	FORMAT	NOMBRE DE VOLUMES	PRIX FORT	ÉDITEURS	DESTINATION				
						COLLÈGES municipaux	ÉCOLES professionnelles	ÉCOLES primaires supérieures	ÉCOLES de garçons	ÉCOLES de filles
Mager	La Vie à Madagascar...............	in-8	1	10 »	F. Didot	C M	»	P S	S	S
Mangin (A.)	Voyage à la Nouvelle-Calédonie......	in-8	1	1 60	Delagrave	»	»	»	M	M
Mallat et Bassilan	L'Amérique inconnue	in-8	1	3 50	F. Didot	»	»	P S	S	S
Malosse	Impressions d'Egypte...............	in-18	1	3 50	A. Colin	»	»	P S	»	»
Marguerit	Sur Mer et sur Terre (exploration de l'amiral Chérétoff.	in-8	1	6 »	Émile Guérin	»	»	P S	S	S
Martel (A.)	Les Abîmes.......................	in-4	1	20 »	Delagrave	C M	»	P S	»	»
Martel (A.)	Irlande et Cavernes anglaises........	in-8	1	7 50	Delagrave	»	»	P S	»	»
Martin (Alexis)	Tout autour de Paris (illustré et cartes)	in-16	1	7 50	Hennuyer	»	»	P S	S	S
Martin (Alexis)	Paris (promenades dans les vingt arrondissements, avec illustrations et plans coloriés.	in-8	1	13 »	Hennuyer	»	»	P S	S	S
Martin (Alexis)	Paris (Promenades dans les vingt arrondissements).	in-16	1	10 »	Hennuyer	»	»	P S	S	S
Martin (Alexis)	Paris (Promenades dans les vingt arrondissements).	in-16	3	21 »	Hennuyer	»	»	P S	M S	M S
Martin (Alexis)	Promenades dans les environs de Paris (région de l'Ouest).	in-16	1	10 »	Hennuyer	»	»	»	M S	M S
Martin (Alexis)	Promenades dans les environs de Paris (région de l'Ouest, 1ʳᵉ partie)	in-16	1	3 »	Hennuyer	»	»	»	M S	»
Martin (Alexis)	Promenades dans les environs de Paris (région du Nord).	in-16	1	10 »	Hennuyer	»	E P	P S	C A	C A
Martin (Alexis)	Promenades dans les environs de Paris (région du Nord, 1ʳᵉ partie).	in-16	1	3 »	Hennuyer	»	»	P S	M S	M S
Martin (Alexis)	Promenades dans les environs de Paris (région de l'Est, 1ʳᵉ partie).	in-16	1	3 »	Hennuyer	»	»	»	S C	S C
Martin (Alexis)	Mes Promenades à Versailles et dans les environs.	in-8	1	3 net	Hennuyer	»	»	P S	S	S
Martin (Alexis)	Environs de Paris (région Sud, 1ʳᵉ partie, Melun, Fontainebleau).	in-16	1	3 50	Hennuyer	»	»	»	M S C	M S C
Martin (Alexis)	Promenades et excursions dans les environs de Paris (région Sud).	in-12	1	11 50	Hennuyer	»	»	»	S C	S C
Martin (A.)	De Paris au Tréport, par Amiens.....	in-12	1	5 »	Hennuyer	»	»	»	M S	M S
Martineau (A.)	Madagascar	in-12	1	3 50	Flammarion	»	»	P S	C	C
Mag-Dalah	Un Hiver en Orient.................	in-8	1	5 »	Delagrave	»	»	P S	S	S
Moissas (G.)	Les Grands voyageurs contemporains.	g. in-8	1	8 »	Hachette	»	»	P S	C A	C A
Mercier	Au Tonkin.......................	in-8	1	» 70	H. May	»	»	»	M	M
Meunier	De Saint-Pétersbourg à l'Ararat......	in-18	1	3 50	H. May	»	»	P S	S	S

AUTEURS	TITRES DES OUVRAGES	FORMAT	NOMBRE de volumes	PRIX FORT	ÉDITEURS	DESTINATION				
						COLLÈGES munici- paux	ÉCOLES profes- sion- nelles	ÉCOLES primaires supé- rieures	ÉCOLES de garçons	ÉCOLES de filles
Meyners d'Estrey	A travers Bornéo	in-8	1	3 »	Hachette	»	»	P S	S	S
Michelet	Sur les chemins de l'Europe (Angleterre-Flandre-Hollande).	in-12	1	3 50	Flammarion	»	»	P S	S	S
Migeon (G.)	Sac au dos (paysages et impressions de France et d'Algérie).	in-8	1	1 15	Lecène	»	»	»	S	S
Ménorval (de)	Promenades à travers Paris	in-4	1	6 »	H. May	»	»	P S	C A	C A
Miran	Environs de Paris	in-12	1	3 50	F. Didot	»	»	P S	S	S
Monnier	Des Andes au Para	in-8	1	10 »	Plon, Nourrit et Cᵉ	»	»	P S	S	S
Monteil (C.)	De Saint-Louis à Tripoli par le lac Tchad.	gr. in-8	1	20 »	F. Alcan	»	»	P S	S C	S C
Muller	Un Français en Sibérie	in-8	1	2 90	Delagrave	»	»	»	S	S
Neurdein	Le Panorama : Merveilles de France	in-fol.	25 nᵒˢ	15 »	Tallandier	»	»	P S	S	S
Ney (Napoléon)	En Asie centrale à la vapeur	in-8	1	3 50	Garnier	»	»	P S	S	S
Niox (C.)	L'Expansion européenne (Empire britannique, Asie, Afrique, Océanie).	in-8	1	5 »	Delagrave	»	»	P S	C	C
Nordenskiold	Notre Expédition au pôle nord	in-8	1	3 50	Dreyfous	»	»	»	M S	M S
Olivier (L.)	La Tunisie	in-4	1	8 »	Delagrave	C M	»	P S	»	»
Orléans (Henri d')	Du Tonkin aux Indes	in-4	1	20 »	Calmann-Lévy	»	»	P S	S C	S C
Oukhtomsky	Voyage en Orient de Son Altesse Impériale le cesarewitch.	in-4	1	50 »	Delagrave	»	»	P S	S	S
Oukhtomsky	Voyage en Orient de S. A. 1, le Césarewitch (Indo-Chine, Chine, etc.).	gr. in-4	1	50 »	Delagrave	»	Pl. s	»	»	»
Paissant (M.)	Madagascar	in-8	1	1 25	Larousse et Cᵉ	»	»	»	M S	M S
Perret	Les Pyrénées et leurs légendes	in 8	1	3 50	Lecène	»	»	P S	»	»
Petit (M.)	La Vallée du Nil	in-8	1	2 »	F. Didot	»	»	P S	S C	S C
Piazzi (A.)	Voyage d'une famille à travers la Cordillère des Andes.	in-8	1	4 50	Picard et Kaan	»	»	»	M	M
Piotrowski	Souvenirs d'un Sibérien	in-16	1	1 25	Hachette	»	»	»	M S	M S
Pizetta	La Baie de Somme, Boulogne et Calais.	in-12	1	5 »	Hennuyer	»	»	»	M S	M S
Porcher (J.)	Le Pays des Camisards (illust. et carte)	in-18	1	6 »	Hennuyer	»	»	»	S C	S C
Postel (P.)	A travers la Cochinchine	in-12	1	3 50	Challamel	»	»	P S	»	»
Quinet (E.)	Mes Vacances en Espagne	in-12	1	3 50	Hachette	»	»	P S	S	»

AUTEURS	TITRES DES OUVRAGES	FORMAT	NOMBRE DE VOLUMES	PRIX FORT	ÉDITEURS	DESTINATION				
						collèges municipaux	écoles professionnelles	écoles primaires supérieures	écoles de garçons	écoles de filles
Rabot (Ch.)	Au cap Nord	in-12	1	4 »	Hachette	»	»	P S	»	»
Rabot (Ch.)	A travers la Russie boréale	in-12	1	4 »	Hachette	C M	»	P S	»	»
Rabot (Ch.)	Aux fjords de Norwège et aux forêts de Suède.	in-12	1	4 »	Hachette	»	»	P S	»	»
Regamey (F.)	D'Aix en Aix (illustré)	in-12	1	3 50	Flammarion	»	»	P S	S	S
Renack	Les Grands Navigateurs	p. in-8	1	» 50	H. May	»	»	»	E M	E M
Revel (J.)	Six Semaines en Russie	in-12	1	3 50	Berger-Levrault	»	»	P S	»	»
Robida (Ch.)	La Vieille France (La Touraine)	in-4	1	25 »	Librairie illustrée	»	»	P S	S	S
Robida (Ch.)	La Vieille France (La Provence)	in-4	1	25 »	Librairie illustrée	»	»	P S	S	S
Riotor et G. Leofanti	Le Pays de la fortune	in-8	1	3 50	Ducrocq	»	»	P S	M S	M S
Rivoyre	Les Français à Obock	in-8	1	2 40	Picard et Kaan	»	»	»	S	S
Rousiers (P. de)	La Vie américaine	in-4	3	30 »	F. Didot	C M	»	P S	S	S
Rousiers (P. de)	La Vie américaine (La Société, l'Éducation.)	in-12	1	3 50	F. Didot	»	»	P S	M S	M S
Rousiers (P. de)	La Vie américaine (Ranchos, fermes et usines.)	in-12	1	3 50	F. Didot	»	»	P S	M S	M S
Sallès	Voyage au Pays des fjords	in-18	1	4 »	Plon, Nourrit et C°	»	»	»	S C	S C
Saint-Didier (de)	La Ville et la République de Venise...	in-16	1	1 »	Delagrave	»	»	»	S	S
Sainte-Croix (de)	Onze mois au Mexique	in-18	1	4 »	Plon, Nourrit et C°	»	»	P S	M S	M S
Saint-Pol Lias (de)	De France à Sumatra	in-12	1	3 50	Lecène	»	»	P S	S	S
Santa-Anna (de)	Aux Etats-Unis du Brésil	in-8	1	5 »	Delagrave	»	»	P S	»	»
Séhé (Désiré)	Voyage d'agrément à travers l'Angleterre sportive.	in-12	1	1 25	G. Guérin	»	»	»	M S	»
Sibille (C.)	A travers la Russie	in-8	1	3 »	Delagrave	»	»	»	M S	M S
Simonoff (Mᵐᵉ)	La Russie inconnue	in 8	1	3 50	Garnier	»	»	»	S	»
Stanley	La Terre de servitude	in-8	1	2 60	Hachette	»	»	P S	»	»
Stanley	Lettres sur ses découvertes et aventures en Afrique.	in-18	1	1 »	Dreyfous	»	»	P S	S	»
Talamo	A Cuba	in-8	1	» 90	H. May	»	»	»	M	M
Thomson	Dix ans de voyage en Chine	in-8	1	10 »	Hachette	»	»	P S	»	»

AUTEURS	TITRES DES OUVRAGES	FORMAT	NOMBRE DE VOLUMES	PRIX FORT	ÉDITEURS	DESTINATION				
						COLLÈGES municipaux	ÉCOLES professionnelles	ÉCOLES primaires supérieures	ÉCOLES de garçons	ÉCOLES de filles
Tillier (L.)	Histoire d'un paquebot.............	in-4	1	7 50	H. May	»	»	P S	S	S
Tissandier	Histoire de mes ascensions	in-8	1	3 50	Dreyfous	»	»	P S	S	S
Tissot (V.)	L'Afrique pittoresque..............	in-8	1	3 90	Delagrave	»	»	P S	S	S
Tissot (V.)	Au pays des glaciers (vacances en Suisse)	in-8	1	2 30	Delagrave	»	»	P S	S C	S C
Tissot (V.)	La Suisse inconnue................	in-8	1	9 »	Dentu	»	»	P S	C	C
Tissot (V.) et Amero	Les Derniers Peaux-Rouges	in-8	1	1 50	F. Didot	»	»	P S	S	S
Tissot	La Hongrie (de l'Adriatique au Danube).	in-8	1	20 »	Plon, Nourrit et Cᵉ	»	»	P S	»	»
Tissot	La Russie et les Russes (Kiew-Moscou).	in-8	1	20 »	Plon, Nourrit et Cᵉ	»	»	P	M S	M S
Trebuchet (L.)	Les Baies de Saint-Malo et de Saint-Brieuc (illustr. et cartes).	in-12	1	5 »	Hennuyer	»	»	P S	M S	M S
Trivier	Mon Voyage au Continent noir.......	in-12	1	3 50	Rouam et Cᵉ	»	»	»	M S	M S
Uminski	Au Pôle Sud.....................	in-8	1	5 »	Ancienne libr Furne	»	»	P S	M S	M S
Vallat	La Russie d'autrefois et la Russie d'aujourd'hui.	in-8	1	2 50	Ancienne libr. Furne	»	»	P S	S	S
Vallat	Le Héros des glaces (Nansen)........	in-12	1	» 95	H. Martin	»	»	»	M	M
Vallat	Le Robinson des glaces..............	in-8	1	1 50	H. May	»	»	»	M	M
Vanderheym	Une Expédition avec le négus Ménélick.	in-12	1	4 »	Hachette	»	»	P S	M S C	M S C
Vasily (Cᵗᵉ)	La Sainte Russie..................	in-4	1	20 »	F. Didot	»	»	P S	S	»
Vattier d'Ambroyse	Littoral de la France (côtes normandes).	in-8	1	7 »	Sanard	»	»	P S	S C	S C
Vattier d'Ambroyse	Littoral de la France (côtes bretonnes).	in-8	1	7 »	Sanard	»	»	P S	M S	M S
Vattier d'Ambroyse	Littoral de la France (côtes vendéennes).	in-8	1	7 »	Sanard	»	»	P S	M S	M S
Vattier d'Ambroyse	Littoral de la France (côtes gasconnes).	in-8	1	7 »	Sanard	»	»	P S	M S	M S
Vattier d'Ambroyse	Littoral de la France (côtes languedociennes).	in-8	1	7 »	Sanard	»	»	P S	S C	S C
Vattier d'Ambroyse	Littoral de la France (côtes provençales)	in-8	1	7 »	Sanard	»	»	P S	M S	M S
Verneau (Dʳ R.)	Cinq années de séjour aux îles Canaries (illust. planches et carte).	in-8	1	12 »	Hennuyer	»	»	P S	S C	S C
Verschuur	Voyages aux Trois-Guyanes et aux Antilles.	in-18	1	4 »	Hachette	C M	»	»	»	»
Villars (P.)	L'Angleterre, l'Écosse et l'Irlande.....	gr. in-8	1	30 »	H. May	»	»	P S	S C	S C

AUTEURS	TITRES DES OUVRAGES	FORMAT	NOMBRE DE VOLUMES	PRIX FORT	ÉDITEURS	COLLÈGES munici-paux	ÉCOLES profes-sion-nelles	ÉCOLES primaires sup⁻ r⁻eures	ÉCOLES de garçons	ÉCOLES de filles
						DESTINATION				
Vitu (A.)	Paris	in-4	1	25 »	H. May	»	»	P S	S	S
X...	Le Naufrage de la « Jeannette »	in-8	1	3 50	Dreyfous	»	»	P S	S	S

AUTEURS	TITRES DES OUVRAGES	FORMAT	NOMBRE DE VOLUMES	PRIX FORT	ÉDITEURS	DESTINATION				
						COLLÈGES municipaux	ÉCOLES professionnelles	ÉCOLES primaires supérieures	ÉCOLES de garçons	ÉCOLES de filles

A. — Dictionnaires, Grammaires, Histoire de la langue.

AUTEURS	TITRES DES OUVRAGES	FORMAT	NOMBRE DE VOLUMES	PRIX FORT	ÉDITEURS	COLLÈGES municipaux	ÉCOLES professionnelles	ÉCOLES primaires supérieures	ÉCOLES de garçons	ÉCOLES de filles
Ampère	Formation de la langue française.....	in-12	1	4 »	Perrin	C M	»	»	»	»
Bachelet et Dezobry	Dictionnaire des lettres et des beaux-arts.	in-8	2	25 »	Delagrave	»	»	P S	S	S
Brachet	Grammaire historique de la langue française.	in-18	1	3 »	Hetzel	»	»	P S	»	»
Brachet	Dictionnaire étymologique de la langue française.	in 18	1	8 »	Hetzel	»	»	P S	»	»
Cocheris (H.)	Notions d'étymologie française.......	in-12	1	2 50	Delagrave	»	»	P S	»	»
Deschanel (Em.)	Les Déformations de la langue française.	in-12	1	3 50	Calmann-Lévy	C M	»	P S	C	C
Gidel et Loliée	Dictionnaire manuel des écrivains et des littératures.	in-18	1	6 »	A. Colin	»	»	P S	A	A
Larousse	Dictionnaire complet de la langue française illustré.	in-18	1	3 »	Larousse et Cᵉ	»	»	P S	M S	M S
Littré	Histoire de la langue française	in-12	2	7 »	Perrin	»	»	P S	»	»
Littré et Beaujean	Abrégé du Dictionnaire de la langue française de Littré.	in-8	1	13 »	Hachette	»	»	P S	S	S
Rouaix	Dictionnaire manuel illustré des idées suggérées par les mots.	in-18	1.	6 »	A. Colin	»	»	P S	S	S
Rozan (Ch.)	Petites Ignorances de la conversation.	in-12	1	3 50	Ducrocq	»	»	P S	»	»

B. — Histoire des Littératures et Critique.

AUTEURS	TITRES DES OUVRAGES	FORMAT	NOMBRE de volumes	PRIX FORT	ÉDITEURS	DESTINATION				
						COLLÈGES municipaux	ÉCOLES professionnelles	ÉCOLES primaires supérieures	ÉCOLES de garçons	ÉCOLES de filles
Albert (P.)	La Littérature française, des origines à la fin du seizième siècle.	in-16	1	3 50	Hachette	»	»	P S	S	»
Albert (P.)	La Littérature française au dix-septième siècle	in-16	1	3 50	Hachette	»	»	P S	S	»
Albert (P.)	La Littérature française au dix-huitième siècle.	in-16	1	3 50	Hachette	»	»	P S	S	»
Albert (P.)	La Littérature française, des origines au dix-huitième siècle.	in-8	1	8 »	Hachette	»	»	P S	»	»
Albert (P)	La Littérature française au dix-neuvième siècle.	in-8	2	12 »	Hachette	C M	»	»	»	»
Albert (P.)	Histoire de la littérature romaine.....	in-12	2	7 »	Delagrave	C M	»	»	»	»
Ampère	La Grèce, Rome et Dante...........	in-8	1	7 50	Perrin	C M	»	»	»	»
Ampère	La Science et les Lettres en Orient....	in-12	1	3 50	Perrin	C M	»	»	»	»
Bardoux	Châteaubriand.....................	in-8	1	1 50	Lecène	C M	»	P S	»	»
Benoist (G.)	P. Corneille, sa vie, ses œuvres.......	in-8	1	3 20	Picard et Kaan	»	»	P S	S	S
Berger et Cucheval	Histoire de l'éloquence latine depuis l'origine de Rome jusqu'à Cicéron.	in-12	2	7 »	Hachette	C M	»	»	»	»
Bertrand (J.)	Blaise Pascal......................	in-8	1	7 50	Calmann-Lévy	»	»	P S	S	»
Biart (L.)	Cervantes........................	in-8	1	1 50	Lecène	»	»	P S	»	»
Bizos	Ronsard.........................	in-8	1	1 50	Lecène	»	»	P S	»	»
Bizos	Fénelon.........................	in-8	1	1 50	Lecène	C M	»	»	»	»
Boissier	Madame de Sévigné................	in-16	1	2 »	Hachette	»	»	P S	»	»
Boissier	Cicéron et ses Amis................	in-16	1	3 50	Hachette	C M	»	»	»	»
Boitel	Racine (3 années de lectures littéraires).	in-18	1	2 »	A. Colin	C M	»	P S	»	»
Boitel	Molière (3 années de lectures littéraires).	in-18	1	2 »	A. Colin	C M	»	P S	»	»
Boitel	Corneille (3 années d'études littéraires).	in-18	1	2 »	A. Colin	»	»	P S	»	»
Bourdeau	La Rochefoucauld.................	in-12	1	2 »	Hachette	C M	»	»	»	»
Bredif	L'Éloquence politique en Grèce (étude sur Démosthène).	in-18	1	3 50	Hachette	C M	»	»	»	»
Brunetière	L'Évolution de la poésie lyrique en France au dix-neuvième siècle.	in-12	2	7 »	Hachette	C M	»	»	»	»

AUTEURS	TITRES DES OUVRAGES	FORMAT	NOMBRE DE VOLUMES	PRIX FORT	ÉDITEURS	DESTINATION				
						COLLÈGES municipaux	ÉCOLES professionnelles	ÉCOLES primaires supérieures	ÉCOLES de garçons	ÉCOLES de filles
Brunetière	Etudes critiques sur l'histoire de la littérature française.	in-12	5	17 50	Hachette	C M	»	P S	»	»
Burnouf	Histoire de la littérature grecque	in-8	2	10 »	Delagrave	C M	»	»	»	»
Cahen (A.)	Lettres du dix-huitième siècle	in-18	1	3 50	A. Colin	C M	»	P S	»	»
Causeret	Béranger	in-8	1	1 50	Lecène	C M	»	P S	»	»
Chuquet	Jean-Jacques Rousseau	in-16	1	2 »	Hachette	»	»	P S	»	»
Claretie (L.)	Florian	in-8	1	1 50	Lecène	»	»	P S	S	S
Claveau (A.)	A. de Musset	in-8	1	1 50	Lecène	C M	»	»	»	»
Clédat (L.)	La Poésie au moyen-âge	in-8	1	1 50	Lecène	C M	»	»	»	»
Clédat	Le Théâtre au moyen-âge	in-8	1	1 50	Lecène	C M	»	P S	»	»
Collignon	Virgile	in-8	1	1 50	Lecène	»	»	P S	»	»
Corréard (F.)	Michelet	in-8	1	1 50	Lecène	»	»	P S	»	»
Corréard	Hérodote	in-8	1	1 50	Lecène	C M	»	»	»	»
Couat	Homère	in-8	1	1 50	Lecène	»	»	P S	»	»
Coutant	Historiens anciens	in-12	1	3 50	Delagrave	C M	»	P S	»	»
Coutant	La Tragédie et les Comédies anciennes.	in-12	1	3 50	Delagrave	C M	»	P S	»	»
Coutant	L'Épopée	in-12	1	3 50	Delagrave	C M	»	P S	»	»
Coutant	Tragédie au XVIIᵉ siècle (Racine)	in-12	1	3 50	Delagrave	C M	»	P S	»	»
Coutant	Tragédie au XVIIᵉ siècle (Corneille)	in-12	1	3 50	Delagrave	C M	»	P S	»	»
Coutant	Histoire des XVIIᵉ et XVIIIᵉ siècles	in-12	1	3 50	Delagrave	C M	»	P S	»	»
Coutant	Le XVIIIᵉ siècle, principaux écrivains.	in-12	1	3 »	Delagrave	C M	»	P S	»	»
Crozals (de)	Saint-Simon	in-8	1	1 50	Lecène	»	»	P S	»	»
Crozals (de)	Guizot	in-8	1	1 50	Lecène	C M	»	P S	»	»
Crozals (de)	Plutarque	in-8	1	1 50	Lecène	C M	»	»	»	»
Darmesteter	Shakespeare	in-8	1	1 50	Lecène	»	»	P S	S	»
Darmesteter	Essais de littérature anglaise	in-8	1	3 50	Delagrave	»	»	P S	»	»

AUTEURS	TITRES DES OUVRAGES	FORMAT	NOMBRE DE VOLUMES	PRIX FORT	ÉDITEURS	DESTINATION				
						COLLÈGES municipaux	ÉCOLES professionnelles	ÉCOLES primaires supérieures	ÉCOLES de garçons	ÉCOLES de filles
Darmesteter	Nouvelles études anglaises..........	in-12	1	3 50	Calmann-Lévy	C M	»	P S	»	»
Debidour	Les Chroniqueurs..................	in-8	2	3 »	Lecène	C M	»	»	»	»
Deltour	Les Ennemis de Racine.............	in-16	1	3 50	Hachette	»	»	P S	»	»
Demogeot	Histoire de la littérature française....	in-16	1	4 »	Hachette	C M	»	»	S	»
Deschanel (E.)	Boileau et Ch. Perrault............	in-12	1	3 50	Calmann-Lévy	C M	»	P S	»	»
Deschanel (E.)	Molière, Corneille.................	in-12	1	3 50	Calmann-Lévy	C M	»	P S	»	»
Deschanel (E.)	Racine....	in-12	2	7 »	Calmann-Lévy	C M	»	P S	»	»
Deschanel (E.)	Lamartine.........	in-18	2	7 »	Calmann-Lévy	C M	«	P S	»	»
Deschanel (E.)	Le Théâtre de Voltaire...........	in-12	1	3 50	Calmann-Lévy	C M	»	P S	»	»
Deschanel (E.)	Pascal, La Rochefoucauld, Bossuet...	in-12	1	3 50	Calmann-Lévy	C M	»	P S	»	»
Despois	Le Théâtre français sous Louis XIV...	in-16	1	3 50	Hachette	»	»	P S	»	»
Divers	Conférences faites aux matinées classiques du théâtre de l'Odéon, VIᵉ, VIIᵉ, VIIIᵉ, IXᵉ volumes.	in-12	4	3 50 l'un	Crémieux	»	»	»	A	»
Divers	Anthologie des poètes contemporains.	in-4	4	6 » l'un	Lemerre	C M	»	P S	»	»
Ducros	Jean-Jacques Rousseau	in-8	1	1 50	Lecène	»	»	P S	»	»
Dupuy	Victor Hugo...	in-8	1	1 50	Lecène	»	»	P S	»	»
Durand (H.)	Molière.........................	in-8	1	1 50	Lecène	»	»	P S	S	S
Egger	Essai sur l'histoire de la critique chez les Grecs.	in-8	1	8 50	Pédone-Lauriel	C M	»	»	«	»
Faguet (E.)	La Fontaine......................	in-8	1	1 50	Lecène	»	»	»	M S	M S
Faguet (E.)	Corneille....	in-8	1	1 50	Lecène	»	»	»	S	S
Faguet (E.)	Études sur le dix-huitième siècle	in-12	1	3 50	Lecène	»	»	P S	»	»
Filon	Mérimée.....................	in-12	1	2 »	Hachette	C M	»	P S	»	»
Gauthiez	Études sur le seizième siècle....... ..	in-18	1	3 50	Lecène	C M	»	P S	»	»
Gazier	Petite Histoire de la littérature française.	in-18	1	4 »	A. Colin	»	»	P S	S	S
Gebhart	Rabelais	in-8	1	1 50	Lecène	C M	»	P S	»	»

AUTEURS	TITRES DES OUVRAGES	FORMAT	NOMBRE DE VOLUMES	PRIX FORT	ÉDITEURS	COLLÈGES municipaux	ÉCOLES professionnelles	ÉCOLES primaires supérieures	ÉCOLES de garçons	ÉCOLES de filles
						DESTINATION				
Géruzez	Histoire de la littérature française jusqu'à la Révolution.	in-12	2	7 »	Perrin	C M	»	»	»	»
Gidel	Les Français du dix-septième siècle...	in-8	1	3 50	Garnier	C M	»	»	»	»
Girard (J.)	Études sur l'éloquence attique.......	in-16	1	3 50	Hachette	C M	»	»	»	»
Girard (J.)	Études sur la poésie grecque........	in-16	1	3 50	Hachette	C M	»	»	»	»
Gréard (G.)	Prévost-Paradol....................	in-18	1	3 50	Hachette	C M	»	»	»	»
Grucker (E.)	Histoire des doctrines littéraires et esthétiques en Allemagne.	in-8	1	7 50	Berger-Levrault	C M	»	»	»	»
Guizot	Corneille et son temps..............	in-8	1	6 »	Perrin	C M	»	»	»	»
Hatzfeld et G. Meunier	Les Critiques littéraires au xixᵉ siècle..	in-12	1	2 50	Delagrave	C M	»	»	»	»
Hémon (F.)	La Rochefoucauld..................	in-8	1	1 50	Lecène	C M	»	»	»	»
Hémon (F.)	Cours de littérature (Fénelon)........	in-12	1	2 »	Delagrave	C M	»	P S	»	»
Hémon (F.)	Études littéraires et morales.........	in-12	1	3 50	Delagrave	C M	»	P S	»	»
Hémon (F.)	Cours de littérature	in-16	5	21 50	Delagrave	C M	»	»	»	»
Hémon (F.)	Cours de littérature (Pascal, Mᵐᵉ de Sévigné, La Bruyère).	in-12	1	4 »	Delagrave	C M	»	P S	»	»
Hugo (Victor)	Littérature et Philosophies mêlées....	in-18	1	2 »	Hetzel-H. May	»	»	P S	»	»
Hugo (Victor)	Victor Hugo raconté par un témoin de sa vie (1802-1817).	in-18	1	2 »	Hetzel-H. May	»	»	»	S	»
Hugo (Victor)	Victor Hugo raconté par un témoin de sa vie (1818-1821).	in-18	1	2 »	Hetzel-H. May	»	»	»	S	»
Hugo (Victor)	Victor Hugo raconté par un témoin de sa vie (1822-1847).	in-18	1	2 »	Hetzel-H. May	»	»	»	S	»
Janet (P.)	Les Passions et les Caractères dans la littérature du dix-huitième siècle.	in-12	2	3 50	Calmann-Lévy	»	»	P S	»	»
Julleville (P. de)	Leçons de littérature française.......	in-16	1	4 »	Masson	»	»	P S	»	»
Julleville (P. de)	La Comédie et les Mœurs en France au moyen âge.	in-12	1	3 50	L. Cerf	C M	»	»	»	»
Julleville (P. de)	Les Comédiens en France au moyen âge.	in-16	1	3 50	L. Cerf	C M	»	»	»	»
Julleville (P. de)	Le Théâtre en France................	in-18	1	3 50	A. Colin	»	»	P S	S	S
Julleville (P. de)	Histoire du Théâtre en France (les Mystères).	in-8	2	15 »	Hachette	C M	»	»	»	»
Lacroix (P.)	Sciences et Lettres au moyen âge et à l'époque de la renaissance.	in-4	1	30 »	F. Didot	C M	»	P S	S	S
Lafenestre	La Fontaine.......................	in-12	1	2 »	Hachette	C M	»	P S	»	»

AUTEURS	TITRES DES OUVRAGES	FORMAT	NOMBRE DE VOLUMES	PRIX FORT	ÉDITEURS	DESTINATION				
						COLLÈGES municipaux	ÉCOLES professionnelles	ÉCOLES primaires suprieures	ÉCOLES du garçons	ÉCOLES de filles
Lanson (G.)	Bossuet..........................	in-8	1	1 50	Lecène	»	»	»	»	»
Lanson (G.)	Corneille........................	in-12	1	2 »	Hachette	C M	»	P S	»	»
Lanson (G.)	Histoire de la Littérature française...	in-18	1	4 »	Hachette	C M	»	P S	»	»
Lanusse	Montaigne........................	in-8	1	1 50	Lecène	C M	»	P S	»	»
Larroumet	Racine..........................	in-12	1	2 »	Hachette	C M	»	P S	»	»
Larroumet	Marivaux, sa Vie, ses Œuvres........	in-16	1	3 50	Hachette	C M	»	»	»	»
Larroumet	La Comédie de Molière, l'auteur et le milieu.	in-16	1	3 50	Hachette	C M	»	»	»	»
Leclerc et Renan	Histoire littéraire de la France au quatorzième siècle.	in-12	2	16 »	Calmann-Lévy	C M	»	»	»	»
Leger	La littérature russe................	in-18	1	4 »	A. Colin	»	»	P S	»	»
Lenient (Ch.)	La Poésie patriotique en France dans les temps modernes.	in-12	2	7 »	Hachette	C M	»	P S	»	»
Lenient (Ch.)	La Satire en France au moyen âge...	in-16	1	3 50	Hachette	C M	»	»	»	»
Lenient	La Satire en France au seizième siècle.	in-16	2	7 »	Hachette	C M	»	»	»	»
Lescure (Ch.)	Bernardin de Saint-Pierre...........	in-8	1	1 50	Lecène	»	»	P S	»	»
Lintilhac (E.)	Lesage..........................	in-18	1	2 »	Hachette	C M	»	P S	»	»
Mabilleau	Victor Hugo......................	in-18	1	2 »	Hachette	C M	»	P S	»	»
Mellier	Le Tasse.........................	in-8	1	1 50	Lecène	C M	»	P S	»	»
Merlet	Études sur les grands classiques grecs.	in-16	1	4 »	Hachette	C M	»	»	»	»
Merlet et Lintilhac	Études littéraires sur les classiques français des classes supérieures.	in-8	2	8 »	Hachette	C M	»	»	»	»
Moland (L.)	Molière, sa vie, ses œuvres..........	in-8	1	9 »	Garnier	C M	»	»	»	»
Monceaux	Racine..........................	in-8	1	1 50	Lecène	C M	»	P S	»	»
Monnier (M.)	La Renaissance (de Dante à Luther)..	in-8	1	5 »	F. Didot	C M	»	»	»	»
Monnier (M.)	La Réforme (de Luther à Shakespeare).	in-8	1	5 »	F. Didot	C M	»	»	»	»
Morillot (P.)	Boileau..........................	in-8	1	1 50	Lecène	»	»	P S	»	»
Morillot (P.)	André Chénier	in-8	1	1 50	Lecène	C M	»	P S	»	»
Morillot	Le Roman en France..............	in-12	1	5 »	Masson	C M	»	»	»	»

AUTEURS	TITRES DES OUVRAGES	FORMAT	NOMBRE DE VOLUMES	PRIX FORT	ÉDITEURS	Collèges municipaux	Écoles professionnelles	Écoles primaires supérieures	Écoles de garçons	Écoles de filles
Moy (Léon)	Conférences et discours	in-12	1	3 50	Le Bigot	C M	»	P S	»	»
Nisard (D.)	Histoire de la littérature française	in-16	4	16 »	F. Didot	C M	»	»	»	»
Normand	Le cardinal de Retz	in-8	1	1 50	Lecène	C M	»	P S	»	»
Ouvré	Démosthène	in-8	1	1 50	Lecène	C M	»	»	»	»
Parigot	Émile Augier	in-8	1	1 50	Lecène	»	»	P S	»	»
Paris (G.)	La Littérature française au moyen âge	in-12	1	3 50	Hachette	»	»	P S	»	»
Patin	Études sur la poésie latine	in-16	2	7 »	Hachette	C M	»	»	»	»
Pellisson	Cicéron	in-8	1	1 50	Lecène	»	»	P S	»	»
Perrens	Littérature française au dix-neuvième siècle	in-8	1	3 50	H. May	»	»	»	S	S
Perrens	Les Libertins en France au dix-septième siècle	in-12	1	3 50	Calmann-Lévy	C M	»	P S	»	»
Pichon	Histoire de la littérature latine	in-12	1	5 »	Hachette	C M	»	»	»	»
Pierron	Histoire de la littérature grecque	in-16	1	4 »	Hachette	C M	»	»	»	»
Pierron	Histoire de la littérature latine	in-16	1	4 »	Hachette	C M	»	»	»	. »
Raison	Voltaire (3 années de lectures littéraires)	in-18	1	2 »	A. Colin	»	»	P S	»	»
Rod (E.)	Dante	in-8	1	1 50	Lecène	»	»	P S	»	»
Roubier	La Comédie au dix-septième siècle	in-12	1	3 50	Delagrave	»	»	P S	»	»
Sainte-Beuve	Portraits littéraires et Derniers Portraits	in-18	4	14 »	Garnier	C M	»	»	»	»
Sainte-Beuve	Nouvelle Galerie des Grands Écrivains	in-8	1	20 »	Garnier	»	»	P S	»	»
Sainte-Beuve	Galerie des Grands Écrivains	in-8	1	20 »	Garnier	»	»	P S	»	»
Sainte-Beuve	Galerie de portraits littéraires	in-8	1	20 »	Garnier	C M	»	P S	»	»
Sainte-Beuve	Extrait des Causeries du lundi	in-12	1	3 50	Garnier	»	»	P S	»	»
Sainte-Beuve	Originaux et Beaux Esprits	in-8	1	3 50	Garnier	»	»	P S	S	S
Sainte-Beuve	Pages choisies	in-18	1	3 50	A. Colin	C M	»	»	»	»
Sainte-Beuve	Premiers Lundis	in-12	3	10 50	Calmann-Lévy	C M	»	»	»	»
Sainte-Beuve	Châteaubriand et son Groupe littéraire	in-12	2	7 »	Calmann-Lévy	C M	»	»	»	»

AUTEURS	TITRES DES OUVRAGES	FORMAT	NOMBRE DE VOLUMES	PRIX FORT	ÉDITEURS	DESTINATION				
						COLLÈGES municipaux	ÉCOLES professionnelles	ÉCOLES primaires supérieures	ÉCOLES de garçons	ÉCOLES de filles
St-Marc Girardin	La Fontaine et les Fabulistes.	in-12	2	7 »	Calmann-Lévy	C M	»	»	»	»
St-Victor (de)	Victor Hugo.	in-18	1	3 50	Calmann-Lévy	C M	»	P S	»	»
Sorel (A.)	Montesquieu	in-12	1	2 »	Hachette	»	»	P S	»	»
Stapfer	Racine et Victor Hugo, ...	in-18	1	3 50	A. Colin	»	»	P S	»	»
Taine	La Fontaine et ses Fables	in-12	l	3 50	Hachette	C M	»	»	»	»
Taine	Derniers essais de critique et d'histoire.	in-12	1	3 50	Hachette	C M	»	»	»	»
Tivier	Histoire des littératures étrangères, . . .	in-12	1	4 »	Delagrave	»	»	P S	»	»
Valentin	Augustin Thierry.	in-8	1	1 50	Lecène	C M	»	P S	M S	M S
Vallery-Radot	Madame de Sévigné.	in-8	1	1 50	Lecène	»	»	P S	S	S
Weiss	Essais sur l'histoire et la littérature française.	in-12	1	3 50	Calmann-Lévy	»	»	P S	»	»
Weiss	Molière	in-12	1	3 50	Calmann-Lévy	»	»	P S	»	»
Zevort	Montesquieu.	in-8	1	1 50	Lecène	»	»	P S	S	S
Zevort	Thiers	in-8	1	1 50	Lecène	C M	»	P	»	»

C. — Littératures anciennes.

AUTEURS	TITRES DES OUVRAGES	FORMAT	NOMBRE DE VOLUMES	PRIX FORT	ÉDITEURS	COLLÈGES municipaux	ÉCOLES professionnelles	ÉCOLES primaires supérieures	ÉCOLES de garçons	ÉCOLES de filles
Cicéron	Discours pour le poète Archias (édition Thomas), texte latin.	in-8	1	4 »	Hachette	C M	»	»	»	»
Cicéron	De Signis (édition Thomas), texte latin.	in-8	1	4 »	Hachette	C M	»	»	»	»
Cicéron	De Suppliciis (édition Thomas), texte latin.	in-8	1	4 »	Hachette	C M	»	»	«	»
Cicéron	Pages choisies (édition Monceaux)	in-18	1	3 50	A. Colin	C M	»	P S	»	»
Cornélius Nepos	Œuvres (édition Mouginot), texte latin.	in-8	1	5 »	Hachette	C M	»	»	»	»
Démosthène	Plaidoyers politiques (édition Weill), texte grec).	in-8	2	16 »	Hachette	C M	»	»	»	»
Démosthène	Les Harangues (édition Weill), texte grec.	in-8	1	8 »	Hachette	C M	»	»	»	»
Euripide	Sept Tragédies (édition Weill), texte grec.	in-8	1	12 »	Hachette	C M	»	»	»	»
Homère	Odyssée (traduction de Leconte de Lisle.	in-12	1	3 50	Lemerre	»	»	P S	»	»
Homère	Iliade (traduction de Leconte de Lisle).	in-12	1	3 50	Lemerre	»	»	P S	»	»
Homère	Iliade (édition Pierron), texte grec	in-8	2	16 »	Hachette	C M	»	»	»	»
Homère	Odyssée (édition Pierron), texte grec.	in-8	2	16 »	Hachette	C M	»	»	»	»
Homère	L'Iliade (traduction Dugas-Montbel) ..	in-18	2	2 »	F. Didot	»	»	P S	»	»
Homère	L'Odyssée (traduction Dugas-Montbel).	in-8	1	2 »	F. Didot	»	»	P S	»	»
Homère	Pages choisies (édition Croiset)	in-18	1	3 50	A. Colin	C M	»	P S	»	»
Horace	Art poétique (édition Albert), texte latin.	in-8	1	2 50	Hachette	C M	»	»	»	»
Platon	La République (VIIᵉ livre), traduction de Grou, avec extr. et éclaire., par A. Fouillée.	in-12	1	3 50	Delagrave	»	»	P S	»	»
Salluste	Guerre de Jugurtha (texte latin)	in-8	1	4 »	Hachette	C M	»	»	»	»
Sophocle	Œdipe-roi. — Œdipe à Colone. — Antigone (traduction).	in-12	1	3 50	Rouam et Cᵉ	C M	»	P S	S	S
Sophocle	Tragédies (édition Tournier), texte grec.	in-8	1	12 »	Hachette	C M	»	»	»	»
Tacite	Annales (édition Jacob), texte latin ...	in-8	2	15 »	Hachette	C M	»	»	»	»
Taine	Essais sur Tite-Live	in-16	1	3 50	Hachette	C M	»	»	»	»
Thucydide	Guerre du Péloponèse (édition Croiset), texte grec.	in-8	1	8 »	Hachette	C M	»	»	»	»

AUTEURS	TITRES DES OUVRAGES	FORMAT	NOMBRE DE VOLUMES	PRIX FORT	ÉDITEURS	DESTINATION				
						COLLÈGES municipaux	ÉCOLES professionnelles	ÉCOLES primaires supérieures	ÉCOLES de garçons	ÉCOLES de filles
Virgile	Œuvres choisies (traduction Colomb).	in-8	1	2 60	Hachette	»	»	S	S	P S
Virgile	Œuvres (édition Benoist), texte latin..	in-8	3	22 50	Hachette	C M	»	»	»	»

D. — Littérature française jusqu'à la fin du XVIIIᵉ siècle.

AUTEURS	TITRES DES OUVRAGES	FORMAT	NOMBRE DE VOLUMES	PRIX FORT	ÉDITEURS	COLLÈGES municipaux	ÉCOLES professionnelles	ÉCOLES primaires supérieures	ÉCOLES de garçons	ÉCOLES de filles
Boileau	Œuvres (édition Gidel)	in-12	1	3 »	Garnier	»	»	P S	S	S
Boileau	Œuvres poétiques (édition Chéron)...	in-16	2	6 »	Flammarion	»	»	P S	S	S
Bossuet	Oraisons funèbres (édition Gasté)....	in-16	1	3 »	Flammarion	»	»	P S	»	»
Chénier	Poésies (édition Manuel)............	in-16	1	3 »	Flammarion	»	»	P S	»	»
Diderot	Pages choisies (édition Pellissier)....	in-18	1	3 50	A. Colin	C M	»	P S	»	»
Florian	Fables (illustrations de Granville).....	in-8	1	7 »	Garnier	»	»	P S	S	S
Florian	Fables........	in-4	1	6	Laurens	»	»	»	M S	M S
La Bruyère	Les Caractères.....................	in-8	1	3 »	F. Didot	»	»	P S	»	»
La Fontaine	Choix de fables (illustrations d'Oudry).	in-8	1	8 »	A. Lévy	»	»	P S	M S	M S
La Fontaine	Fables (illustrations de Granville)	in-8	1	18 »	Garnier	»	»	P S	M S	M S
La Fontaine	Œuvres diverses (édition Hémon)....	in-8	1	3 »	Delagrave	C M	»	P S	»	»
La Fontaine	Fables annotées par Buffon..........	in-8	1	3 »	Flammarion	»	»	P S	M S	M S
Lesage	Pages choisies (édition Morillot)......	in-18	1	3 50	A. Colin	C M	»	P S	»	»
Malherbe	Œuvres poétiques (Blanchemain).....	in-16	1	3 »	Flammarion	»	»	P S	»	»
Montesquieu	Œuvres choisies...................	in-12	2	4 »	F. Didot	»	»	P S	»	»
Sévigné (Mᵐᵉ de)	Lettres choisies (notes de Sainte-Beuve).	in-8	1	3 50	Garnier	»	»	P S	S	S
Voltaire	Lettres choisies.....................	in-12	2	6 »	Garnier	»	»	P S	S	»
Voltaire	Œuvres choisies (édition Lhomme)...	in-8	1	5 »	Lemercier	»	»	P S	S	S

E. — Littérature française au XIXᵉ siècle.

AUTEURS	TITRES DES OUVRAGES	FORMAT	NOMBRE DE VOLUMES	PRIX FORT	ÉDITEURS	DESTINATION				
						COLLÈGES municipaux	ÉCOLES professionnelles	ÉCOLES primaires supérieures	ÉCOLES de garçons	ÉCOLES de filles
Béranger	Le Béranger des Familles	in-12	1	3 »	Garnier	»	»	P S	S	S
Brizeux	Marie	in-8	1	9 »	Lemerre	»	»	P S	»	»
Courier (P.-L.)	Lettres et Pamphlets	in-8	1	10 »	Bonhoure	»	»	P S	S	»
Cousin (Victor)	Pages choisies (édition Wyzewa)	in-18	1	3 50	A. Colin	C M	»	P S	»	»
Déroulède	Poésies militaires	in-8	1	6 »	Calmann-Lévy	»	»	P S	S C	»
Hugo (Victor)	Le Livre des mères : les enfants (illust.)	in-8	1	7 »	Hetzel	»	»	P S	M S	M S
Hugo (Victor)	Paris	in-18	1	2 »	Hetzel-H. May	»	»	P S	S	S
Hugo (Victor)	Les Châtiments	in-18	1	2 »	Hetzel-H. May	»	»	P S	S	S
Hugo (Victor)	L'Œuvre de Victor Hugo (extraits), (édition des écoles).	in-18	1	2 »	Hetzel-H. May	»	»	P S	S	S
Hugo (Victor)	Histoire d'un crime	in-18	2	4 »	Hetzel-H. May	»	»	P S	»	»
Hugo (Victor)	Les Contemplations	in-18	2	4 »	Hetzel-H. May	»	»	P S	»	»
Hugo (Victor)	L'Année terrible	in-18	1	2 »	Hetzel-H. May	»	»	P S	»	»
Hugo (Victor)	Torquemada	in-18	1	2 »	Hetzel-H. May	»	»	P S	»	»
Hugo (Victor)	Morceaux choisis. — Poésies	in-16	1	3 50	Delagrave	»	»	P S	C	»
Hugo (Victor)	Morceaux choisis. — Proses	in-16	1	3 50	Delagrave	C M	»	»	P S	C
Maistre (X. de)	Œuvres complètes	in-12	1	3 50	E. Fasquelle	»	»	P S	S	S
Malot (Hector)	Pages choisies (édition Meunier)	in-18	1	3 50	A. Colin	C M	»	P S	»	»
Manuel (E.)	Pendant la guerre (poésies)	in-18	1	3 50	Calmann-Lévy	»	»	P S	S	S
Manuel (E.)	Poèmes populaires	in-18	1	3 50	Calmann-Lévy	»	»	P S	S	S
Manuel (E.)	Poésies du foyer et de l'école	in-8	1	6 »	Calmann-Lévy	»	»	P S	»	»
Michelet	Ma Jeunesse	in-12	1	3 50	Flammarion	»	»	P S	S	S
Michelet	L'Oiseau. — La Mer	in-8	1	7 50	Flammarion	«	»	P S	C	»
Michelet	La Montagne. — L'Insecte	in-8	1	7 50	Flammarion	C M	»	P S	»	»

AUTEURS	TITRES DES OUVRAGES	FORMAT	NOMBRE DE VOLUMES	PRIX FORT	ÉDITEURS	DESTINATION				
						COLLÈGES munici-paux	ÉCOLES profession-nelles	ÉCOLES primaires supé-rieures	ÉCOLES de garçons	ÉCOLES de filles
Michelet	Le Peuple. — Nos fils	in-8	1	7 50	Flammarion	»	»	P S	S	»
Michelet	Lettres inédites à Mˡˡᵉ Mialaret (Mᵐᵉ Michelet).	in-8	1	7 50	Flammarion	C M	»	P S	»	»
Michelet	L'Oiseau	in-16	1	3 50	Hachette	»	»	P S	M S	M S
Michelet	L'Insecte	in-16	1	3 50	Hachette	»	»	P S	M S	M S
Michelet	La Mer	in 18	1	3 50	Calmann-Lévy	»	»	P S	S	»
Michelet	L'Oiseau	in-18	1	3 50	Calmann-Lévy	»	»	P S	S C	S C
Michelet	L'Étudiant	in-18	1	3 50	Calmann-Lévy	»	»	P S	S	»
Michelet	La Montagne	in-18	1	3 50	Calmann-Lévy	»	»	P S	C	C
Michelet	Le Peuple	in-18	1	3 50	Calmann-Lévy	»	»	P S	S	»
Quinet (Mᵐᵉ E.)	Cinquante ans d'amitié (Michelet-Quinet).	in-18	1	3 50	A. Colin	C M	»	P S	»	»
Renan	Ma sœur Henriette	in-8	1	6 »	Calmann-Lévy	C M	»	P S	S	S
Renan-Berthelot	Correspondance	in-8	1	7 50	Calmann-Lévy	C M	»	P S	»	»
Siébecker	Poésies d'un vaincu	in-12	1	3 »	Berger-Levrault	»	»	P S	M S	M S

F. — Théâtre.

AUTEURS	TITRES DES OUVRAGES	FORMAT	NOMBRE DE VOLUMES	PRIX FORT	ÉDITEURS	COLLÈGES municipaux	ÉCOLES professionnelles	ÉCOLES primaires supérieures	ÉCOLES de garçons	ÉCOLES de filles
Beaumarchais	Théâtre	in-8	1	6 »	Ancienne libr. Furne	»	»	P S	S	»
Beaumarchais	Théâtre	in-12	1	2 »	F. Didot	»	»	P S	»	»
Corneille	Œuvres dramatiques	in-8	1	7 »	Ancienne libr. Furne	»	»	P S	S	S
Corneille	Théâtre (édition Hémon)	in-12	4	12 »	Delagrave	»	»	P S	»	»
Corneille	Théâtre (édition Claretie)	in-8	1	6 »	H. Martin	C M	»	P S	M S	M S
Corneille	Théâtre choisi	in-12	1	4 »	Belin	C M	»	P S	A	»
Corneille	Œuvres (édition Fabre)	in-8	1	6 »	Sanard	»	»	»	S	S
Hugo (Victor)	Ruy-Blas	in-18	1	2 »	Hetzel-H. May	»	»	P S	C	C
Labiche (E.)	Théâtre choisi (illustré)	in-8	1	15 »	Calmann-Lévy	C M	»	P S	S C	»
Marivaux	Théâtre choisi (Préface de F. Sarcey)	in-16	2	6 »	Flammarion	»	»	P S	»	»
Molière	Théâtre	in-8	1	12 50	Garnier	»	»	P S	»	»
Molière	Théâtre choisi	in-12	1	4 »	Belin	C M	»	P S	A	»
Molière	Théâtre complet (illustré)	in-8	1	10 »	Hetzel	»	»	P S	»	»
Molière	Œuvres complètes	in-8	2	14 »	Ancienne libr. Furne	»	»	P S	»	»
Molière	Théâtre choisi (édition Lavergne)	in-8	1	3 »	Lecène	»	»	»	S	S
Molière	Théâtre choisi	in-8	1	8 »	H. Martin	C M	»	P S	S C	S C
Molière	Théâtre choisi (édition M. Albert)	in-18	1	4 »	A. Colin	C M	»	»	»	»
Molière	Œuvres (édition Favre)	in-8	1	6 »	Sanard	»	»	»	S	S
Racine (J.)	Œuvres	in-8	1	7 »	Ancienne libr. Furne	»	»	P S	S	S
Racine (J.)	Théâtre	in-8	1	12 50	Garnier	»	»	P S	S	S
Racine (J.)	Théâtre choisi	in-12	1	4 50	Belin	C M	»	P S	A	»
Racine (J.)	Théâtre choisi	in-8	1	6 »	H. Martin	C M	»	P S	S C	S C
Racine (J.)	Œuvres (édition Favre)	in-8	1	6 »	Sanard	»	»	»	S	S

AUTEURS	TITRES DES OUVRAGES	FORMAT	NOMBRE DE VOLUMES	PRIX FORT	ÉDITEURS	DESTINATION				
						COLLÈGES municipaux	ÉCOLES professionnelles	ÉCOLES primaires supérieures	ÉCOLES de garçons	ÉCOLES de filles
Regnard	Théâtre (Préface de G. d'Heylli)......	in-16	2	3 »	Flammarion	»	»	P S	»	»
Voltaire	Théâtre....................	in-8	1	6 »	Ancienne libr. Furne	»	»	P S	S	S

G. — Littératures étrangères (sauf les romans).

AUTEURS	TITRES DES OUVRAGES	FORMAT	NOMBRE DE VOLUMES	PRIX FORT	ÉDITEURS	COLLÈGES municipaux	ÉCOLES professionnelles	ÉCOLES primaires supérieures	ÉCOLES de garçons	ÉCOLES de filles
Dante	La Divine Comédie (traduction Dauphin)	in-8	1	10 »	A. Colin	»	»	P S	»	»
Shakespeare	Chefs-d'œuvre.....................	in-16	3	3 75	Hachette	»	»	P S	»	»
Shakespeare	Œuvres choisies...................	in-16	3	6 »	F. Didot	»	»	P S	»	»
Shakespeare	Pages choisies....................	in-18	1	3 50	A. Colin	C M	»	P S	»	»
Schiller	Œuvres dramatiques...............	in-8	1	10 »	F. Didot	C M	»	»	»	»
Tolstoï	Pages choisies (édition Candiani)	in-18	1	3 50	A. Colin	C M	»	P S	»	»

H. — Romans, Contes et Nouvelles (français et étrangers)

AUTEURS	TITRES DES OUVRAGES	FORMAT	NOMBRE DE VOLUMES	PRIX FORT	ÉDITEURS	COLLÈGES munici- paux	ÉCOLES profes- sion- nelles	ÉCOLES primaires supé- rieures	ÉCOLES de garçons	ÉCOLES de filles
About (E.)	Le Roi des montagnes	in-8	1	2 60	Hachette	»	»	P S	S	S
About (E.)	Nouvelles et Souvenirs	in-8	1	2 60	Hachette	»	»	P S	S	S
About (E.)	Le Roman d'un brave homme (illustré)	in-8	1	7 »	Hachette	»	»	P S	S	S
André (Léo)	La Famille Audroit	in-8	1	»	L'auteur	»	»	»	M S	M S
Anfossi (Marc)	Une Héroïne de quatorze ans	in-8	1	6 »	Picard et Kaan	»	»	»	»	S C
Arthez (d')	L'Or du Pôle	in-8	1	4 »	Hachette	»	»	»	M S	M S
Assollant	François Buchamort	in-4	1	20 »	Delagrave	»	»	P S	S	»
Assollant	Récits de la vieille France (François Buchamort)	in-12	1	1 25	Delagrave	»	»	P S	M S	M S
Assollant	La Chasse aux lions	in-4	1	1 90	Delagrave	»	»	P S	»	»
Assollant	Montluc le Rouge	in-4	1	4 50	Hachette	»	»	»	S C	S C
Aston (G.)	L'Ami Kips (illustré)	in-18	1	3 »	Hetzel	»	»	P S	S	S
Audoin	Les Aventures de Mathurin Gonec	in-4	1	1 90	Delagrave	»	»	»	M S	M S
Badin (A.)	Jean Casteyras	in-18	1	3 »	Hetzel	»	»	»	M S	»
Balleyguier	Seul sur l'Océan	in-4	1	6 »	H. Martin	»	»	»	M S	M S
Balleyguier (M.)	Les Rogimbot	in-16	1	2 25	H. May	»	»	»	M S	M S
Barracand	Vivette	in-8	1	4 50	H. Martin	»	»	»	»	M S
Barracand	Servienne	in-8	1	2 50	H. Martin	»	»	P S	»	S
Bazin	En province	in-12	1	3 50	Calmann-Lévy	»	»	»	M S	M S
Beaumont (A.)	Le legs du cousin Drack	in-18	1	3 50	Hennuyer	»	»	»	E	E
Beecker-Stowe (Mᵐᵉ)	La Case de l'oncle Tom	in-8	1	3 »	Hachette	»	»	P S	S	S
Béthuys (G.)	Les Vicissitudes d'un dragon	in-8	1	1 15	H. Martin	»	»	»	M S	»
Biart (Lucien)	Entre deux océans (illustré)	in-8	1	5 »	Hennuyer	»	»	P S	M S	M S
Biart (Lucien)	Le Roi des Prairies	in-8	1	5 »	Hennuyer	»	»	»	M S	M S

AUTEURS	TITRES DES OUVRAGES	FORMAT	NOMBRE DE VOLUMES	PRIX FORT	ÉDITEURS	DESTINATION				
						COLLÈGES municipaux	ÉCOLES professionnelles	ÉCOLES primaires supérieures	ÉCOLES de garçons	ÉCOLES de filles
Biart (Lucien)	A travers l'Amérique (illustré)........	gr. in-8	1	10 »	Hennuyer	»	»	P S	M S	M S
Biart (Lucien)	La Conquête d'une Patrie (Le Pensativo), illustré).	in-8	1	7 »	Hennuyer	»	»	P S	M S	M S
Biart (Lucien)	Le Fleuve d'or.....................	in-8	1	5 »	Hennuyer	»	»	P S	M S	M S
Biart (Lucien)	Le Secret de José (illustré)...........	in-8	1	1 80	Hetzel	»	«	P S	M S	M S
Biart (Lucien)	La Frontière indienne (illustré).......	in-8	1	1 80	Hetzel	»	»	P S	M S	M S
Bigot (Mᵉ Ch.)	La Tache de petit Pierre.............	in-8	1	3 50	Ancienne libr. Furne	»	»	»	M S	M S
Blaise (P.)	Le Testament de Maliroux	in-8	1	1 15	Lecène	»	»	»	S	S
Blanc	Les Prisonniers de Bou-Amâma......	in-18	1	2 »	A. Colin	»	»	»	M S	M S
Blandy	Fils de veuve.....................	in-18	1	3 »	Hetzel	»	»	»	M S	M S
Bloch (Th.)	Épouses et Sœurs..................	in-8	1	2 »	Delagrave	»	»	P S	»	S
Bonhomme	Le Grand frère....................	in-8	1	10 »	Garnier	»	»	»	S	S
Bonnefoy (M.)	Autour du drapeau.................	in-8	1	3 20	H. Martin	»	»	P S	S	S
Bonnet (B.)	Vie d'enfant......................	in-18	1	3 50	Dentu	»	»	P S	M S	S
Boissounas	Une famille pendant la guerre 1870-71	in-8	1	7 »	Hetzel	»	»	P S	S	»
Bourgain	Le Marin français.................	in-4	1	6 »	Laurens	»	»	»	S	»
Bouron des Clayes	Gamine...........................	in-8	1	2 50	H. Martin	»	»	»	M S	M S
Brisay (de)	A l'abordage	in-4	1	12 »	H. Martin	»	»	P S	S C	»
Brown	La Goélette terrestre	in-8	1	3 50	H. Martin	»	»	»	M S	M S
Brunet	Fille de France...................	in-8	1	2 90	Delagrave	»	»	P S	»	S
Cahun (Léon)	La Bannière bleue	in-8	1	3 »	Hachette	»	»	»	M S	M S
Cahun (Léon)	Les Rois de mer................ ..	in-8	1	4 50	H. Martin	»	»	P S	S	S
Candèze (Dʳ)	Aventures d'un grillon (illustré)......	in-18	1	3 »	Hetzel	»	»	»	M S	M S
Camp (M. Du)	Bons cœurs et Braves gens..........	in-8	1	3 »	Hachette	»	»	»	M	M
Cassal (Mᵐᵉ G.)	Souvenirs du Sundgau.............	in-18	1	3 30	Lecène	»	»	»	S	S
Caters (de)	Le Lion de Camors.................	in-8	1	5 »	Delagrave	»	»	»	M S	M S

AUTEURS	TITRES DES OUVRAGES	FORMAT	NOMBRE DE VOLUMES	PRIX FORT	ÉDITEURS	DESTINATION				
						COLLÈGES municipaux	ÉCOLES professionnelles	ÉCOLES primaires supérieures	ÉCOLES de garçons	ÉCOLES de filles
Caters (de)	Les Pirates de Venise	in-8	1	10 »	Delagrave	»	»	P S	S	S
Cazin (Mᵐᵉ)	Les Orphelins bernois..............	in-12	1	2 25	Hachette	»	»	»	M S	M S
Cazin (Mᵐᵉ)	La Roche maudite	in-8	1	2 »	Hachette	»	»	»	S	S
Cazin (Mᵐᵉ)	L'Enfant des Alpes...	in-12	1	2 25	Hachette	»	»	»	S	S
Célières (Paul)	Quand il pleut....................	in-18	1	3 50	Hennuyer	»	»	P S	M S	M S
Célières (Paul)	En Scène, s. v. p. (proverbes).... ..	in-18	1	3 50	Hennuyer	»	»	P S	S	S
Célières (Paul)	Les Grandes Vertus. . , ...	in-18	1	3 50	Hennuyer	»	»	P S	M S	M S
Célières (Paul)	Une heure à lire........	in-18	1	3 50	Hennuyer	»	»	P S	M S	M S
Célières (Paul)	Contez-nous cela......	in-18	1	3 50	Hennuyer	»	«	P S	M S	M S
Célières (Paul)	Les Deux Idoles	in-18	1	3 50	Hennuyer	»	»	P S	M S	M S
Célières (Paul)	Les Mémorables Aventures du docteur Quiès.	in-8	1	4 »	Hennuyer	»	»	»	E M S	E M S
Célières (Paul)	Les Mémorables Aventures du docteur Quiès (illustré).	in-4	1	9 »	Hennuyer	»	»	«	M S	M S
Célières (Paul)	Une Exilée......................	in-18	1	3 50	Hennuyer	»	»	P S	S	S
Célières (Paul)	Une Exilée, avec illustrations.......	in-8	1	4 50	Hennuyer	»	»	P S	S	S
Célières (Paul)	Le Roman d'une mère..............	in-18	1	3 50	Hennuyer	»	»	»	M S	M S
Célières (Paul)	Le Chef-d'œuvre de papa Schmeltz...	in-8	1	7 »	Hennuyer	»	»	P S	S C	»
Cervantes (M.)	Don Quichotte de la Manche....... .	in-8	1	6 »	H. Martin	»	»	»	M S	M S
Cervantes (M.)	Don Quichotte de la Manche........	in-8	1	3 50	Dreyfous	»	»	»	M S	M S
Chambon	Tambour battant..................	in-4	1	6 50	H. May	»	»	»	S	»
Chaperon	Le Soldat français...	in-4	1	6 »	Laurens	»	»	»	M	»
Charlieu (H. de)	La Mission du capitaine........ ...	in-8	1	5 »	Delagrave	»	»	P S	S	S
Charlot (Marcel)	Paysages et paysans..............	in-8	1	2 50	Tallandier	»	»	»	S	S
Chazel (Prosper)	Le Chalet des Sapins..............	in-8	1	4 50	Hetzel	»	»	P S	M S	M S
Chazel (Prosper)	Histoire d'un forestier (illustré)..... .	in-8	1	5 »	Hennuyer	»	»	P S	M S	M S
Chennevière	Jacques l'Intrépide................	in-8	1	9 »	Lemerre	»	»	»	S	S

AUTEURS	TITRES DES OUVRAGES	FORMAT	NOMBRE DE VOLUMES	PRIX FORT	ÉDITEURS	DESTINATION				
						COLLÈGES municipaux	ÉCOLES professionnelles	ÉCOLES primaires supérieures	ÉCOLES de garçons	ÉCOLES de filles
Cherville (de)	Muguette ou la Braconnière.........	in-12	1	3 »	F. Didot	»	»	P S	S	S
Cherville (de)	Caporal (histoire d'un chien)........	in-8	1	1 »	F. Didot	»	»	P S	M S	M S
Cherville (de)	Récits du terroir...................	in-8	1	6 »	F. Didot	»	»	»	M S	M S
Cherville (de)	Les Bêtes en robe de chambre	in-8	1	6 »	F. Didot	»	»	P S	M S	M S
Cherville (de)	Contes de chasse et de pêche	in-18	1	3 »	F. Didot	»	»	P S	M S	M S
Cherville (de)	Nouveaux contes d'un coureur des bois.	in-12	1	3 50	Flammarion	»	»	»	M S	M S
Cheuzi et Lavigne	Gaucher Myrian	in-8	1	6 »	F. Didot.	C M	»	»	M S	M S
Cim (A.)	Grand'mère et petit-fils.............	in-8	1	3 »	Hachette	»	»	»	M S	M S
Clayton	Amour sacré de la patrie............	in-8	1	1 20	Picard et Kaan	»	»	»	M S	M S
Colomb (Mᵐᵉ)	Les Étapes de Madeleine	in-8	1	2 60	Hachette	»	»	»	»	S
Colomb (Mᵐᵉ)	Danielle	in-8	1	4 »	Hachette	»	»	P S	S	»
Combes (P.)	La Roselière......................	in-4	1	5 »	Ducrocq	»	»	P S	S	S
Cooper (F.)	L'Espion.........................	in-8	1	10 »	F. Didot	»	»	P S	S	S
Cooper (F.)	Les Pionniers	in-8	1	10 »	F. Didot	»	»	P S	S	S
Cooper (F.)	Le Dernier des Mohicans	in-8	1	10 »	F. Didot	»	»	P S	S	S
Cooper (F.)	La Prairie........................	in-8	1	10 »	F. Didot	»	»	P S	S	S
Cooper (F.)	Le Corsaire rouge.................	in-8	1	3 50	Lecène	»	»	»	M S	M S
Crozet (J.)	Le Livre d'or de la patrie...........	in-12	1	2 50	Lemerre	»	»	P S	C A	C A
Daudet (A.)	Contes du lundi	in-12	1	3 50	E. Fasquelle	»	»	P S	M S	M S
Daudet (A.)	Robert Helmont..................	in-18	1	3 50	Flammarion	»	»	P S	S	S
Daudet (A.)	Tartarin de Tarascon..............	in-8	1	10 »	Dentu	»	»	P S	S C	»
Debans	L'Aventurier malgré lui............	in-4	1	11 »	H. Martin	»	»	»	M S	»
Deflandre	Le Fils du déporté.................	in-4	1	5 50	H. May	»	»	»	S	»
Delorme (Mᵐᵉ)	Les Petits Cahiers de Mᵐᵉ Brunet.....	in-12	1	1 50	A. Colin	»	»	P S	»	S
Delorme (Mᵐᵉ)	Chez Mˡˡᵉ Hortense........	in-18	1	2 »	A. Colin	»	»	»	»	M S

AUTEURS	TITRES DES OUVRAGES	FORMAT	NOMBRE DE VOLUMES	PRIX FORT	ÉDITEURS	DESTINATION				
						COLLÈGES munici-paux	ÉCOLES profes-sion-nelles	ÉCOLES primaires supé-rieures	ÉCOLES de garçons	ÉCOLES de filles
Delorme (S.)	Mad et Tobie	in-4	1	5 »	Ducrocq	»	»	P S	S	S
Delorme (S.)	Le Tambour de Watignies	in-4	1	5 »	Ducrocq	»	«	P S	S	»
Delorme (S.)	Le Prince Halil	in-8	1	7 »	Ducrocq	»	»	P S	S	S
Delorme (S.)	Les Bûcherons du Jolimetz	in-8	1	3 »	Ducrocq	»	»	»	M S	M S
Demoulin (Mᵐᵉ)	Un Paquet de chiffons	in-8	1	» 70	Hachette	»	»	»	M S	M S
Demoulin (Mᵐᵉ)	Les Fils du dur requin	in-8	1	3 »	F. Didot	»	»	»	S	S
Desbeaux (E.)	Le Secret de Mˡˡᵉ Marthe	in-8	1	5 »	Ducrocq	»	»	»	M S	M S
Desbeaux (E.)	Les Découvertes de M. Jean	in-12	1	2 »	Ducrocq	»	»	P S	M S	M S
Deschamps	Les coups de tête d'Yvonne	in-8	1	2 90	Delagrave	»	»	»	»	M S
Desnoyers	Aventures de Jean-Paul Choppart	in-18	1	3 »	Hetzel	»	»	»	M S	M S
Dickens	Nicolas Nickleby	in-8	1	2 60	Hachette	»	»	P S	S	S
Dickens	David Copperfield	in-8	1	2 60	Hachette	»	»	P S	M S	M S
Dickens	Dombey et fils	in-8	1	2 60	Hachette	»	»	P S	S	S
Dickens	La Petite Dorrit	in-8	1	2 60	Hachette	»	»	P S	S	S
Dieny (F.)	La Patrie avant tout (illustré)	in-16	1	1 50	Hetzel	»	»	«	M S	M S
Dillaye	Mademoiselle de Fierlys	in-8	1	5 »	Delagrave	»	»	P S	»	M S
Divers	L'Âme russe	in-8	1	7 50	Ollendorff	»	»	P S	S	»
Divers	La Lecture en famille	in-8	1	5 »	Hennuyer	»	»	»	S C	S C
Dombre (R.)	Moustique	in-8	1	1 90	Delagrave	»	»	»	M S	»
Dourliac	Cœur dévoué. — Nanette	in-8	1	2 90	Delagrave	»	»	P S	M S	M S
Dubarry	Trois histoires de terre et de mer	in-12	1	2 50	Perrin	»	»	»	M S	M S
Dubarry	Histoire d'une famille d'émigrants	in-12	1	3 50	Perrin	»	»	»	M S	M S
Dubarry	Les Tueurs de serpents	in-8	1	6 »	Émile Guérin	»	»	P S	S	S
Dubarry	Les Aventuriers de l'Amazone	in-8	1	5 50	Ancienne libr. Furne	»	»	P S	S	S
Dubarry	Le Rachat de l'honneur (aventures d'un soldat français au Soudan).	in-8	1	3 20	H. Martin	»	»	»	M S	M S

AUTEURS	TITRES DES OUVRAGES	FORMAT	NOMBRE DE VOLUMES	PRIX FORT	ÉDITEURS	DESTINATION				
						COLLÈGES municipaux	ÉCOLES professionnelles	ÉCOLES primaires supérieures	ÉCOLES de garçons	ÉCOLES de filles
Dupuy (E.)	A la Recherche d'une ménagerie.....	in-4	1	2 75	Delagrave	»	»	»	M S	»
Dupuis (E.)	Les Entreprises d'Harry.............	in-8	1	2 75	Delagrave	»	»	»	M S	»
Erckmann-Cha-trian	Histoire d'un homme du peuple......	in-18	1	3 »	Hetzel	»	»	P S	S	S
Erckmann-Cha-trian	Le Banni.........................	in-18	1	3 »	Hetzel	»	»	P S	S	S
Erckmann-Cha-trian	Histoire d'un conscrit de 1813 (illustré)	in-18	1	3 »	Hetzel	»	»	P S	M S	M S
Erckmann-Cha-trian	Madame Thérèse (illustré)..........	in-18	1	3 »	Hetzel	»	»	P S	M S	M S
Erckmann-Cha-trian	Waterloo (illustré).................	in-18	1	3 »	Hetzel	»	»	P S	M S	M S
Erckmann-Cha-trian	Le Fou Yégoff (l'invasion) (illustré)...	in-18	1	3 »	Hetzel	»	»	P S	M S	M S
Erckmann-Cha-trian	Le Blocus......................	in-18	1	3 »	Hetzel	»	»	P S	M S	M S
Erckmann-Cha-trian	Maître Gaspard Fix.................	in-18	1	3 »	Hetzel	»	»	»	M S	M S
Erckmann-Cha-trian	Histoire d'un sous-maître...	in-18	1	3 »	Hetzel	»	»	P S	S	S
Erckmann-Cha-trian	Alsace...........................	in-18	1	3 »	Hetzel	»	»	P S	S	S
Erckmann-Cha-trian	Le Brigadier Frédéric..............	in-18	1	3 »	Hetzel	»	»	»	M S	M S
Erckmann-Cha-trian	Les Vieux de la Vieille (illustré).......	in-18	1	3 »	Hetzel	»	»	P S	M S	M S
Erckmann-Cha-trian	Histoire d'un Paysan (illustré)........	in-8	1	7 »	Hetzel	»	»	P S	S	S
Erckmann-Cha-trian	Histoire du Plébiscite.................	in-18	1	3 »	Hetzel	»	»	P S	S	S
Erckmann-Cha-trian	Romans nationaux (illustré).........	in-8	1	10 »	Hetzel	»	»	P S	M S	M S
Fabre (F.)	Le Roman d'un peintre..............	in-18	1	3 50	E. Fasquelle	»	»	P S	S	S
Fernay	Le Moujik........................	in-8	1	1 50	F. Didot	»	»	»	M S	M S
Ferry (G.)	Costal l'Indien......	in-8	1	4 50	Hachette	»	»	P S	C	C
Ferry (G.)	Les Exploits de Martin Robert........	in-8	1	2 »	Hachette	»	»	»	M S	»
Pesche	Le Panthéon des braves gens........	in-8	1	3 50	Tallandier	»	»	»	S	S
Fonvielle (W. de)	Aventures aériennes.................	in-12	1	4 »	Plon, Nourrit et Cᵉ	»	»	P S	S	S
France (A.)	Le Livre de mon ami...............	in-12	1	3 50	Calmann-Lévy	»	»	P S	S	S
France (A.)	Le Crime de Sylvestre Bonard........	in-18	1	3 50	Calmann-Lévy	»	»	P S	S	»

AUTEURS	TITRES DES OUVRAGES	FORMAT	NOMBRE DE VOLUMES	PRIX FORT	ÉDITEURS	COLLÈGES municipaux	ÉCOLES professionnelles	ÉCOLES primaires supérieures	ÉCOLES de garçons	ÉCOLES de filles
Foley (Ch.)	Cœur de Roi	in-12	1	3 50	Perrin et Cᵉ	»	»	»	M S	M S
Gaulois	Grands Cœurs et Petits Pays	in-4	1	6 50	H. May	»	»	P S	»	»
Gautier (Mᵐᵉ)	Mémoires d'un Éléphant blanc	in-4	1	7 »	A. Colin	»	»	»	M S	M S
Genevay	La Chute d'une Dynastie	in-8	1	1 35	Delagrave	»	»	»	S	S
Gennevraye	Le Marchand d'allumettes (illustré)	in-18	1	3 »	Hetzel	»	»	»	M S	M S
Girald	Madeleine	in-8	1	1 50	Fischbacher	»	»	P S	S	S
Girard	Le Petit Pâtre	in-8	1	1 75	Ancienne libr. Furne	»	»	»	M S	M S
Girardin (J.)	Miss Sans-Cœur	in-16	1	2 »	Hachette	»	»	»	»	M S
Girardin (J.)	Les Braves Gens	in-8	1	4 »	Hachette	»	»	»	M S	M S
Girardin (J.)	Le Capitaine Bassinoire	in-8	1	2 »	Hachette	»	»	»	M S	»
Girardin (J.)	Maman	in-8	1	4 »	Hachette	»	»	P S	S	S
Girardin (J.)	Le Locataire des demoiselles Rocher (illustré).	in-8	1	2 60	Hachette	»	»	P S	M S	M S
Girardin (J.)	Fillettes et Garçons	in-8	1	» 85	Hachette	»	»	»	M S	M S
Girardin (J.)	Le Roman d'un cancre	in-8	1	2 60	Hachette	»	»	»	S	»
Girardin (J.)	Les Certificats de François	in-8	1	2 »	Hachette	»	»	»	S	S
Goblet	Gilbert	in-8	1	1 15	H. Martin	»	»	»	M S	»
Goldsmith	Le Vicaire de Wakefield	in-8	1	10 »	H. May	»	»	P S	S	»
Gouzy (P.)	Voyage d'une fillette au pays des étoiles.	in-8	1	3 »	Hetzel	»	»	P S	»	S
Graffigny (de)	Les Voyages fantastiques	in-8	1	2 »	Delagrave	»	»	»	S	S
Graffigny (de)	Récits d'un aéronaute	in-8	1	2 90	Delagrave	»	»	»	S	S
Grandmaison (Mᵐᵉ de)	Deux Jeunes Braves	in-8	1	2 30	Delagrave	»	»	»	S	»
Gros (J.)	Les 773 Millions de J.-F. Jollivet	in-8	1	6 »	Picard et Kaan	»	»	»	S	S
Gros (J.)	Les Robinsons de la grève	in-8	1	3 20	Picard et Kaan	»	»	»	M S	M S
Guerrier de Haupt	Un Oncle de Russie	in-8	1	3 50	F. Didot	»	»	»	M S	M S
Guyon (Ch.)	Voyage dans la planète Vénus	in-8	1	1 15	Lecène	»	»	»	S	S

AUTEURS	TITRES DES OUVRAGES	FORMAT	NOMBRE DE VOLUMES	PRIX FORT	ÉDITEURS	DESTINATION				
						COLLÈGES municipaux	ÉCOLES professionnelles	ÉCOLES primaires supérieures	ÉCOLES de garçons	ÉCOLES de filles
Guyon (Ch)	Le Franc-Tireur Kolb...............	in-8	1	1 15	Lecène	»	»	»	S	S
Guyon (Ch.)	Les Aventures d'une famille russe...	in-4	1	9 »	Gedalge	»	»	»	S C	S C
Guyon (Ch.) et Guyon (R.)	L'Héritage du docteur Van Tropp....	in-4	1	5 »	Gedalge	»	»	P S	S	S
Halt (Mᵐᵉ Robert)	La Petite Lazare...	in-8	1	6 »	Flammarion	»	»	P S	M S	M S
Halt (Mᵐᵉ Robert)	Histoire d'un petit homme (illustré)...	in-8	1	6 »	Flammarion	»	»	P S	M S	»
Hannedouche	La Bonne Tante	in-8	1	1 45	Picard et Kaan	»	»	»	M S	»
Haurigot	Les Millions de l'oncle Fred.........	in-8	1	1 15	Lecène	»	»	»	M S	M S
Haurigot	Contes nègres.....................	in-8	1	1 50	H. Martin	»	»	»	M S	M S
Hervilly (d')	Trop grande.....................	in-4	1	12 »	H. Martin	»	»	P S	M S	M S
Hervilly (d')	Seule à treize ans.....	in-8	1	2 50	H. Martin	»	»	»	»	M S
Hervilly (d')	En bouteille à travers l'Atlantique	in-8	1	3 50	Ancienne libr. Furne	»	»	P S	M S	M S
Hervilly (d')	Héros légendaires.................	in-8	1	10 »	Lemerre	»	»	»	S	S
Hervilly (d')	A Cocagne.......................	in-8	1	5 50	Lemerre	»	»	P S	S	S
Hervilly (d')	Au bout du monde.................	in-8	1	5 50	Lemerre	»	»	»	S	S
Heussey (R. de)	L'Inimitable Boz...................	in-8	1	7 50	H. May	»	»	P S	M S	M S
Hue (F.)	Marthe Bresson...................	in-8	1	1 40	Lecène	»	»	»	»	M S
Hue (F.)	500,000 Dollars de récompense	in-8	1	3 50	Lecène	»	»	P S	M S	M S
Hue (F.)	Les Voleurs de locomotives..........	in-4	1	5 »	Lecène	»	»	»	M S	M S
Hue (F.)	Les Coureurs de frontières..........	in-4	1	5 »	Lecène	»	»	P S	S C	S C
Hue (F.)	Les Cavaliers de Lakhdar..........	in-8	1	3 50	Lecène	»	»	P S	S	»
Hue (F.)	Les Bouchers Bleus.............	in-4	1	5 »	Lecène	»	»	P S	»	»
Hue (F.)	Yvonne de Boishardi...............	in-8	1	1 45	Picard et Kaan	»	»	»	S	S
Hue (F.)	Les Aventures de François Morin....	in-8	1	1 45	Picard et Kaan	»	»	»	M S	M S
Hugues Leroux	Je deviens colon...................	in-12	1	3 50	Calmann-Lévy	M C	»	P S	C	»
Jaubert (E.)	Contes de l'oncle Ivan...............	gr. in-4	1	7 50	Ollendorf	»	»	P S	S A	»

AUTEURS	TITRES DES OUVRAGES	FORMAT	NOMBRE DE VOLUMES	PRIX FORT	ÉDITEURS	DESTINATION				
						COLLÈGES munici-paux	ÉCOLES profes-sion-nelles	ÉCOLES primaires supé-rieures	ÉCOLES de garçons	ÉCOLES de filles
Jaubert (E.)	Récits d'un chasseur.	in-8	1	1 15	Lecène	»	»	»	M S	M S
Jaubert (E.)	Histoire d'une petite fille russe	in-8	1	1 40	Lecène	»	»	»	»	M S
Jaubert (E.)	Aventures d'un ourson russe	in-8	1	4 »	Ancienne libr. Furne	»	»	»	M S	M S
Jaubert (E.)	Les Steppes et les Halliers	in-8	1	4 »	Ancienne libr. Furne	»	»	»	S	S
Jeanberdat	Les Mémoires d'un hanneton	in-8	1	5 »	Delagrave	»	»	P S	C	C
Labesse (E.) et Pierret (H.)	Notre Pays de France (Fleur des Alpes).	in-4	1	5 »	Ducrocq	»	»	P S	M |S	M S
La Blanchère (de)	Les Aventures de La Ramée	in-16	1	2 25	Hachette	»	»	P S	S	»
Lacertie (L.)	Nos Patriotes.	in-8	1	2 50	H. Martin	»	»	P S	S	S
Laconterie (de)	Fraternité	gr.in-8	1	3 20	H. May	»	»	»	M S	M S
Laconterie (de)	Reconnaissance	in-4	1	6 50	H. May	»	»	»	M S	M S
Lacroix (D.)	Le Livre d'Or des enfants sauveteurs.	in-12	1	1 »	Jeandé	»	»	»	M S	M S
Lagrillière-Beauclerc	Les Contes de France	in-8	1	3 50	Tallandier	»	»	»	M S	M S
La Landelle (de)	Histoires maritimes	in-8	1	2 90	Delagrave	»	»	»	M S	M S
Lamb	Choix de contes tirés de Shakespeare.	in-8	1	2 50	Gedalge	»	»	P S	S	S
Lamy (G.)	Voyage du novice Jean-Paul.	in-18	1	2 »	A. Colin	»	»	»	M S	M S
Lapointe	Il était une fois	in-8	2	6 »	Lemerre	»	»	P S	S	S
Laubot (Mᵐᵉ)	Du Berceau à la Tombe	in-4	1	8 »	Gedalge	»	»	P S	»	»
Laurie (A.)	Selene Company (illustré)	in-18	2	6 »	Hetzel	»	»	P S	S	S
Laurie (A.)	La Vie de collège en Angleterre (illustré)	in-8	1	7 »	Hetzel	»	»	P S	S	S
Laurie (A.)	Mémoires d'un collégien russe (illustré)	in-18	1	3 »	Hetzel	»	»	P S	S	»
Laurie (A.)	Histoire d'un écolier hanovrien (id.)	in-18	1	3 »	Hetzel	»	»	P S	S	S
Laurie (A.)	Une Année de collège à Paris (id.)	in-8	1	7 »	Hetzel	»	»	P S	S	»
Laurie (A.)	Tito le Florentin (id.)	in-18	1	3 »	Hetzel	»	»	P S	S	S
Laurie (A.)	Autour d'un lycée japonais. (illustré)	in-18	1	3 »	Hetzel	»	»	»	M S	M S
Laurie (A.)	Mémoires d'un collégien (id.)	in-8	1	7 »	Hetzel	»	»	P S	S	»

AUTEURS	TITRES DES OUVRAGES	FORMAT	NOMBRE DE VOLUMES	PRIX FORT	ÉDITEURS	DESTINATION				
						COLLÈGES municipaux	ÉCOLES professionnelles	ÉCOLES primaires supérieures	ÉCOLES de garçons	ÉCOLES de filles
Laurie (A.)	Le Capitaine Trafalgar....... (id.)	in-12	1	3 »	Hetzel	»	»	»	M S	M S
Laurie (A.)	Le Bachelier de Séville...... (id.)	in-18	1	3 »	Hetzel	»	»	»	M S	M S
Laurie (A)	Axel Ebersen ... . (id)	in-8	1	7 »	Hetzel	»	»	P S	S	S
Laurie (A)	L'Héritier de Robinson.. .... (id.)	in-18	1	3 »	Hetzel	»	»	P S	M S	M S
Laurie (A.)	Gérard et Colette. .... (id.)	in-12	1	3 »	Hetzel	»	»	»	M	M
Laurie (A.)	Le Filon de Gérard .... (id.)	in-8	1	7 »	Hetzel	»	»	»	M S	M S
Laurie (A.)	Le Rubis du grand-lama .. (id.)	in-8	1	7 »	Hetzel	»	»	»	M S	M S
Laurie (A).	L'Écolier d'Athènes.... ...... (id.)	in-8	1	7 »	Hetzel	»	»	»	S	S
Laurie (A.)	L'Écolier d'Athènes......... (id.)	in-18	1	3 »	Hetzel	C M	»	P S	»	»
Le Faure	La Princesse Bengali.........	in-4	1	5 »	Lecène	»	»	P S	»	M S
Le Faure	La Guerre sous l'eau	in-8	1	6 »	Dentu	»	»	P S	M S	M S
Le Faure	Les Robinsons lunaires............	in-8	1	6 »	Dentu	»	»	»	M S	M S
Le Faure	Cœur de soldat................... ..	in-8	1	6 »	Dentu	»	»	»	S	»
Le Faure	Les Aventures de Sidi Froussard.....	in-4	1	6 »	F. Didot	»	»	P S	M S	M S
Le Faure	Les Voleurs d'or................	in-4	1	12 »	H. Martin	»	»	»	M S	M S
Legouvé	Épis et Bluets (illustré)........	in-12	1	3 »	Hetzel	C M	»	P S	»	»
Lélu (P.)	En Algérie (Souvenirs d'un colon) ...	in-18	1	3 50	Hennuyer	»	»	»	M S	M S
Lemaire	Les Marins de la garde.............	in-8	1	10 »	Delagrave	»	»	P S	S	»
Léo (André)	Le Petit Moi	in-12	1	5 »	Chez l'auteur	»	»	»	M S	»
Lepage	Un condottière ..,.................	in-8	1	1 50	F. Didot	»	»	»	M S	M S
Lermont (J.)	Exilée..........................	in-8	1	6 »	H. Martin	»	»	»	M S	M S
Lermont (J.)	Gypsy.......................	in-8	1	3 20	H. Martin	»	»	»	M S	M S
Lermont (J.)	En pension.....!...............	in-8	1	3 20	H. Martin	»	»	P S	S	S
Lermont (J.)	Les Cinq Nièces de l'oncle Barbe-Bleue	in-8	1	6 »	H. Martin	»	»	»	»	M S
Lermont (J.)	Miss Linotte....,........	in-8	1	4 50	H. Martin	»	»	»	M S	M S

AUTEURS	TITRES DES OUVRAGES	FORMAT	NOMBRE DE VOLUMES	PRIX FORT	ÉDITEURS	DESTINATION				
						COLLÈGES municipaux	ÉCOLES professionnelles	ÉCOLES primaires supérieures	ÉCOLES de garçons	ÉCOLES de filles
Lermont (J.)	Ma Meilleure Amie......	in-8	1	4 50	H. Martin	»	»	»	M S	M S
Lermont (J.)	Les Jeunes Filles de Quinebasset (ill.) .	in-18	1	3 »	Hetzel	»	»	»	S	S
Leroux et Montillot	Une Famille....	in-12	1	1 50	A. Colin	»	»	»	M S	M S
Lesage	Aventures de Gil Blas	in-16	1	2 25	Hachette	»	»	P S	M S	M S
Lesage	Gil Blas de Santillane...............	in-4	1	20 »	H. Martin	C M	»	P S	»	»
Lescaret	Simples Récits....	in-8	1	2 50	Rouam et Cⁱᵉ	»	»	»	S	S
Leser (Ch.)	Le Soldat..	in-8	1	4 »	H. May	»	»	P S	S	»
Linden (A.)	Les Historiettes du grand-papa Gilbert.	in-12	1	2 »	Delagrave	»	»	»	M S	M S
Maël (P.)	Les Derniers Hommes rouges	in-8	1	8 »	F. Didot	»	»	»	M	M
Maël (P.)	Sauveteur........................	in-8	1	9 »	Dreyfous	»	»	P S	S	S
Maël (P.)	Flot et Jusant	in-16	1	3 50	Dentu	»	»	P S	S	S
Maël (P.)	Une Française au Pôle Nord.........	in-8	1	3 »	Hachette	»	»	»	M S	M S
Maël (P.)	Terre de Fauves...................	in-8	1	7 »	Hachette	»	»	»	M S	M S
Maël (P.)	Fleur de France..................	in-8	1	7 »	Hachette	»	»	»	M	M
Maël (P.)	Le Trésor de Madeleine	in-8	1	7 »	Hachette	»	»	»	M S	M S
Maël (P.)	Au pays des mystères..............	in-8	1	7 »	Hachette	»	»	P S	S	S
Mahlinger	A la Conquête d'un trône...........	in-4	1	6 50	H. May	»	»	»	M S	M S
Mainard (L.)	Une Cousine d'Amérique	in-8	1	4 50	H. Martin	»	»	»	M S	M S
Mainard (L.)	L'Héritage de Marie Noël...........	in-8	1	4 50	H. Martin	»	»	»	M S	M S
Mainard (L.)	Les Millions du petit Jean..........	in-8	1	3 20	H. Martin	»	»	»	M S	M S
Mainard (L.)	Fils de l'Océan...	in-8	1	9 »	Dentu	»	»	P S	M S	»
Mainard et Meyan	Le Rêve d'un Yankee..............	in-4	1	5 »	Lecène	»	»	»	S	S
Malin	Un Collégien de Paris en 1870.......	in-8	1	7 »	Hetzel	»	»	»	M S	M S
Malot (H.)	Romain Kalbris (illustré)	in-8	1	4 50	Hetzel	»	»	P S	M S	M S
Malot (H.)	La Petite Sœur (illustré)...........	in-8	1	10 »	Flammarion	»	»	P S	M S	M S

AUTEURS	TITRES DES OUVRAGES	FORMAT	NOMBRE DE VOLUMES	PRIX FORT	ÉDITEURS	DESTINATION				
						COLLÈGES municipaux	ÉCOLES professionnelles	ÉCOLES primaires supérieures	ÉCOLES de garçons	ÉCOLES de filles
Malot (H.)	En Famille (illustré).................	in-8	1	10 »	Flammarion	»	»	P S	M S	M S
Malot (H.)	Sans famille (illustré)...............	in-12	2	7 »	Flammarion	»	»	P S	M S	M S
Malot (H.)	En famille (illustré)................	in-12	2	7 »	Flammarion.	»	»	P S	M S	M S
Mangin (A.)	La Pluie et le Beau Temps.........	in-8	1	1 35	Delagrave	»	»	»	M S	M S
Mangin (A.)	Les Mémoires d'un chêne...........	in-8	1	» 90	Delagrave	»	»	»	S	S
Maranze (J.)	Une Héroïne de seize ans...........	in-8	1	2 50	H. Martin	»	»	»	M S	M S
Maranze (J.)	Le Capitaine Cœur d'or.............	in-8	1	2 50	H. Martin	»	»	P S	M S	»
Marcel (E.)	L'Hetman Maxime (illustré)........	in-8	1	7 »	Hennuyer	»	»	P S	S	»
Margueritte (P.)	Ma Grande......................	in-8	1	7 »	Chailley	»	»	P S	S C	S C
Mathis (E.)	Les Héros de l'avenir.............	in-8	1	1 75	Ancienne libr. Furne	»	»	»	M S	M S
Mathis (E.)	Les Deux Gaspards...............	in-8	1	3 50	Ancienne libr. Furne	»	»	»	M S	M S
Mayer	Chez nous......................	in-12	1	1 25	Delagrave	»	»	»	M S	M S
Mayne-Reid	Aventures de chasses et de voyages (Les Chasseurs de chevelures, La Terre de feu, Les Robinsons de terre ferme, etc.)	in-8	1	10 »	Hetzel	»	»	»	S	S
Mayne-Reid	Aventures de terre et de mer (Planteurs de la Jamaïque, les Deux Filles du squatter, la Sœur perdue, etc.) (ill.)	in-8	1	10 »	Hetzel	»	»	P S	S	S
Meryen Cecyl	Le Tueur de daims...............	in-8	1	2 75	Delagrave	»	»	P S	S	S
Mesureur (Mᵐᵉ)	Nos Enfants....................	in-8	1	3 »	Lemerre	»	»	»		
Meyners-d'Estrey	Au Pays des diamants...........	in-16	1	2 25	Hachette	»	»	»	M S	»
Meyners-d'Estrey	Aventures de Gérard Hendricks.....	in-16	1	2 25	Hachette	»	»	»	M S	»
Meyrac (A.)	Les Contes de nos aïeux.........	in-8	1	2 40	Picard et Kaan	»	Pˡˡᵉˢ	P S	S	S
Miallier (Mˡˡᵉ)	Tous les cinq..................	in-8	1	5 »	Ducrocq	»	»	»	M S	M S
Miles (A.)	Une Famille de polytechniciens.....	in-8	1	3 »	F. Didot	»	»	P S	»	»
Moireau	La Journée d'un écolier au moyen âge.	in-4	1	7 50	H. May	»	»	P S	S	S
Monteil (E.)	Jean le Conquérant	in-8	1	8 »	Flammarion	»	»	»	M S	»
Monteil (E.)	Histoire du célèbre Pépé.........	in-8	1	4 50	H. Martin	»	»	P S	M S	M S

AUTEURS	TITRES DES OUVRAGES	FORMAT	NOMBRE DE VOLUMES	PRIX FORT	ÉDITEURS	COLLÈGES munici-paux	ÉCOLES profes-sion-nelles	ÉCOLES primaires supé-rieures	ÉCOLES de garçons	ÉCOLES de filles
Monteil (E.)	Les Trois du Midi	in-4	1	12 »	H. Martin	»	»	»	M S	M S
Monteil (E.)	Le Roi Boubou	in-8	1	3 20	H. Martin	»	»	»	M S	M S
Monteil (E.)	Par le courage	in-4	1	10 »	H. May	»	»	»	M S	M S
Montet	Contes patriotiques	in-4	1	2 30	Delagrave	»	»	»	S C	S C
Morin (L.)	L'Enfant prodigue	in-4	1	7 50	Delagrave	»	»	»	M S	M S
Mulé	La maison de Jean Fourcat	in-12	1	3 50	E. Fasquelle	»	»	»	C A	»
Muller (E.)	Mémoires d'un franc-tireur	in-8	1	2 90	Delagrave	»	»	P S	S	»
Muller (E.)	Le prince du Feu	in-8	1	1 75	Delagrave	»	»	P S	M S	M S
Muller (E.)	Les Enfants du grand Pierre	in-8	1	2 90	Delagrave	»	»	»	S C	S C
Muller (E.)	Nizelle (souvenirs d'un orphelin)	in-8	1	5 »	Hennuyer	»	»	»	M S	M S
Najac (de)	Les Exploits d'un arlequin (illustré)	in-8	1	6 »	Hennuyer	»	»	»	M S	M S
Nanteuil (Mᵐᵉ de)	Capitaine	in-8	1	2 60	Hachette	»	»	»	M S	M S
Naurouze (J.)	La Mission de Philbert	in-8	1	7 »	A. Colin	»	»	P S	S	S
Naurouze (J.)	Frères d'armes	in-8	1	7 »	A. Colin	»	»	»	M S	M S
Naurouze (J.)	A travers la tourmente	in-8	1	7 »	A. Colin	»	»	»	M S	M S
Naurouze (J.)	Séverine (1814-1815)	in-8	1	7 »	A. Colin	»	»	P S	S	S
Naurouze (J.)	Séverine (1814-1815)	in-18	1	3 50	A. Colin	»	»	P S	S	S
Naurouze (J.)	L'Otage	in-8	1	7 »	A. Colin	»	»	P S	S	S
Naurouze (J.)	Autour d'un drame	in-8	1	7 »	A. Colin	»	»	P S	S	S
Naurouze (J.)	Fils de bourgeois	in-8	1	7 »	A. Colin	»	»	P S	S	S
Neukomm	Les Dompteurs de la mer (illustré)	in-8	1	7 »	Hetzel	»	»	P S	S	S
Neukomm	Les Dompteurs de la mer	in-18	1	3 »	Hetzel	»	»	P S	S	S
Nocé (de)	Hélène de Saint-Aubin	in-8	1	3 20	H. Martin	»	»	P S	»	M S
Nodier (Ch.)	Contes choisis (édition Ch. Simond)	in-8	1	4 50	Picard et Kaan	»	»	P S	»	»
Nousanne (de)	Jasmin Robba (illustré)	in-8	1	4 20	Hetzel	»	»	»	M S	M S

AUTEURS	TITRES DES OUVRAGES	FORMAT	NOMBRE DE VOLUMES	PRIX FORT	ÉDITEURS	DESTINATION				
						COLLÉGES munici-paux	ÉCOLES profes-sion nelles	ÉCOLES primaires supé-rieures	ÉCOLES de garçons	ÉCOLES de filles
Nousanne (de)	Le Château des Merveilles....	in-8	1	7 »	Hetzel	»	»	»	M S	M S
Paris (G.)	Aventures merveilleuses de Huon de Bordeaux.	in-4	1	18 ».	F. Didot	»	»	↓P S	S	S
Pascal (Ed.)	Journal d'un petit Parisien pendant le siège (1870-1871).	in-8	1	6 »	Picard et Kaan	»	»	»	M S	M S
Pech (E.)	Une Vaillante......	in-8	1	3 20	H. Martin	»	»	»	M S	M S
Pech (E.)	Un oncle d'Australie........	in-8	1	5 »	Ancienne libr. Furne	»	»	P S	M S	M S
Pech (E.)	L'héroïne de Valmy..........	in-8	1	» 90	Delagrave	»	»	»	M S	M S
Pelletan	Jarousseau ou le Pasteur du désert...	in-18	1	2 »	F. Alcan	»	»	P S	S	».
Pelletan	La Naissance d'une ville...........	in-18	1	2 »	F. Alcan	»	»	P S	S	S
Perrault	Ma sœur Thérèse..................	in-18	1	3 »	Hetzel	»	»	»	»	M S
Perronnet	Par Vanité..........	in-4	1	6 50	H. May	»	»	»	M S	M S
Picard	Soga le Vengeur........	in-4	1	3 50	H. Martin	»	»	»	S	S
Poitevin (MˡˡᵉM.)	Un Roman de province.............	in-18	1	2 50	F. Didot	»	»	P S	S	S
Poitevin (MˡˡᵉM.)	Les Grancogne Léogan.....	in-12	1	2 50	F. Didot	»	»	»	S C	S C
Poitevin (MˡˡᵉM.)	Diana Norville....................	in-8	1	3 50	Lecène	»	»	»	»	M S
Pont-Jest (de)	Le Fleuve de perles	in-16	1	3 50	Dentu	»	»	P S	»	».
Quinet (Mᵐᵉ E.)	Les Sentiers de France............	in-12	1	3 50	Dentu	»	»	P S	S	S
Rambaud (Alf.)	L'Anneau de César (illustré)........	in-8	1	9 »	Hetzel	»	»	»	M S	M S
Rambaud (Alf.)	L'Anneau de César...............	in-12	2	6 »	Hetzel	»	»	»	M S	M S
Rémy-Allier	Retrouvée......................	in-8	1	7 »	Ducrocq	»	»	»	S C	S C
Rémy-Allier	Le Vœu de Madeleine	in-4	1	7 »	Ducrocq	»	»	»	M S	M S
Renner (G.)	La Famille Chaumel...............	in-8	1	1 45	Picard et Kaan	»	»	»	M S	M S
Robert (S.-S.)	Trois Contes chinois...............	in-8	1	» 90	Delagrave	»	»	»	M S	M S
Robida (A.)	Le Roi des jongleurs............ ...	in-4	1	7 »	A. Colin	»	»	»	S	S
Robida (A.)	Le Moulin Fliquette...............	in-12	1	2 »	A. Colin	»	»	»	S	»
Roch (Mᵐᵉ)	L'Art d'être heureux........	in-8	1	1 90	Picard et Kaan	»	»	P S	M S	M S

AUTEURS	TITRES DES OUVRAGES	FORMAT	NOMBRE de volumes	PRIX FORT	ÉDITEURS	DESTINATION				
						COLLÉGES munici- paux	ÉCOLES profes- sion- nelles	ÉCOLES primaires supé- rieures	ÉCOLES de garçons	ÉCOLES de filles
Rouzé	Isoline du Trieux	in-12	1	1 25	Lecène	»	»	P S	S	S
Saint-Briac (de)	Jobic le Corsaire	in-12	1	3 50	Calmann-Lévy	»	»	»	S	»
Saint-Jovial	Le Sourd ou l'Auberge pleine	in-8	1	1 25	Larousse	»	»	»	M S	M S
Saint-Pierre (B. de)	Paul et Virginie	in-8	1	5 »	Tallandier	»	»	P S	S	S
Salières (A.)	Les Soirées fantastiques de l'artilleur Baruch.	in-18	1	3 50	Plon et Cᵉ	»	»	»	M S	»
Sandeau (J.)	La Maison de Pénarvan	in-18	1	3 50	Calmann-Lévy	»	»	P S	S	»
Séguin	Les Infortunes de Simonne	in-8	1	1 90	Picard et Kaan	»	»	»	S	S
Siébecker	Les Enfants malheureux	in 18	1	3 »	P. Dupont	»	»	P S	S	S
Simond	Les Chasseurs de fourrures	in-8	1	» 70	Lecène	»	»	»	S	S
Simond	Shakespeare raconté à la jeunesse	in-4	1	12 »	H. Martin	»	».	P S	S C	S C
Souquet	Journal d'un lycéen de Tunis	in-4	1	3 50	Gedalge	»	»	P S	M S	M S
Souvestre (E.)	Journal d'un homme heureux (illustré)	in-8	1	8 »	Calmann-Lévy	»	»	P S	M S	M S
Souvigny (J. de)	Marthe et Gérard	in-8	1	3 50	F. Didot	»	»	»	S C	S C
Spark	Fabliaux et Paraboles (illustré)	in-16	1	1 50	Hetzel	»	»	»	M S	M S
Spoll	Les Épreuves d'un Fils	in-8	1	3 20	H. Martin	»	»	»	M S	».
Stahl	Les Quatre Filles du docteur Marsch (illustré).	in-18	1	3 »	Hetzel	»	»	»	»	S C
Stahl	Les Contes de tante Judith (illustré)	in-16	1	1 50	Hetzel	»	»	»	»	M S
Stahl	La Petite Rose (illustré)	in-18	1	3 »	Hetzel	»	»	P S	M S	M S
Stevenson	L'Île au trésor (illustré)	in-8	1	4 50	Hetzel	»	»	»	M S	»
Summer	La Pensionnaire d'Écouen	in-12	1	3 50	Calmann-Lévy	»	»	P S	»	M S
Surville (A.)	Fleur des champs	in-16	1	2 25	Hachette	»	»	»	M S	M S
Swift	Voyage de Gulliver à Lilliput	in-4	1	3 20	H. May.	»	»	»	M S	M S
Talbot	Blanche et bleue	gr.in-8	1	4 30	H. May	»	»	»	M S	M S
Tartière	Le Secret des deux	in-4	1	6 »	Tallandier	»	»	»	S	S
Theuriet	L'Oncle Scipion	in-8	1	9 »	Lemerre	»	»	P S	S	S

AUTEURS	TITRES DES OUVRAGES	FORMAT	NOMBRE DE VOLUMES	PRIX FORT	ÉDITEURS	DESTINATION				
						COLLÈGES municipaux	ÉCOLES professionnelles	ÉCOLES primaires supérieures	ÉCOLES de garçons	ÉCOLES de filles
Theuriet	Contes pour les soirs d'hiver.........	in-8	1	9 »	Lemerre	»	»	»	M S	M S
Theuriet	Contes pour les jeunes et pour les vieux.	in-8	1	9 »	Lemerre	»	»	P S	S	S
Theuriet	Le Secret de Gertrude...............	in-8	1	4 50	Picard et Kaan	»	»	P S	S	S
Tinseau	Ma Cousine Pot-au-Feu (illustré)......	in-8	1	10 »	Calmann-Lévy	»	»	P S	S	S
Tissot (A.)	Les Conteurs amusants.............	in-8	1	2 90	Delagrave	»	»	P S	S	S
Tissot et Maldague	La Prisonnière du Mahdi..........	in-8	1	2 »	Hachette	»	»	»	S	S
Toudouze	L'Ile aux Mystères (Madagascar)......	in-8	1	5 »	Lecène	»	»	»	M S	M S
Tondouze	Enfant perdu..................	in-8	1	3 »	Hachette	»	»	P S	S	»
Twain (Mark)	Les Aventures de Tom Sawyer (illust.)	in-4	1	5 »	Hennuyer	»	»	P S	M S	M S
Twain (Mark)	Les Aventures de Huck-Finn (illustré).	in-4	1	5 »	Hennuyer	»	»	»	M S	»
Ulbach (L.)	Papa Fortin....................	in-12	1	3 50	Calmann-Lévy	»	»	P S	S	»
(Ulbach (L.)	La Csarda.....................	in-18	1	3 50	Calmann-Lévy	»	»	P S	S	S
Ulbach (L.)	L'Espion des Écoles..............	in-8	1	5 »	Delagrave	»	»	P S	S	S
Valdès (André)	La Petite Alsacienne.............	in-8	1	» 90	Picard et Kaan	»	»	»	»	S
Vallat	Amitié véritable..............	in-4	1	3 50	Gedalge	»	»	»	M S C	M S C
Vauzanges	Le Fils du garde-chasse...........	in-4	1	3 50	H. Martin	»	»	»	M S	M S
Verlet	Tous jeunes.,...............	in-12	1	2 25	Hachette	»	»	»	»	S C
Verly	Jeanick l'orphelin.............	in-4	1	10 »	Tallandier	»	»	P S	S	S
Verne (Jules)	Aventures du Capitaine Hatteras (illust.)	in-8	1	9 »	Hetzel	»	»	P S	S	S
Verne (Jules)	L'Étoile du Sud (illustré)..........	in-8	1	4 50	Hetzel	»	»	»	M S	M S
Verne (Jules)	Une Ville flottante (illustré).........	in-8	1	4 50	Hetzel	»	»	»	M S	M S
Verne (Jules)	Les Tribulations d'un Chinois en Chine (illustré).	in-8	1	4 50	Hetzel	»	»	»	M S	»
Verne (Jules)	L'Archipel en feu (illustré)........	in-8	1	4 50	Hetzel	»	»	P S	S	S
Verne (Jules)	Un Billet de loterie..............	in-18	1	3 »	Hetzel	»	»	P S	S	S
Verne (Jules)	Cinq Semaines en ballon (illustré)....	in-8	1	4 50	Hetzel	»	»	P S	M S	M S

AUTEURS	TITRES DES OUVRAGES	FORMAT	NOMBRE DE VOLUMES	PRIX FORT	ÉDITEURS	DESTINATION				
						COLLÈGES municipaux	ÉCOLES professionnelle	ÉCOLES primaires supérieures	ÉCOLES de garçons	ÉCOLES de filles
Verne (Jules)	De la Terre à la Lune (illustré). . . .	in-8	1	4 50	Hetzel	»	»	P S	S	S
Verne (Jules)	Autour de la lune (illustré)........	in-8	1	4 50	Hetzel	»	»	P S	S.	S
Verne (Jules)	Voyage au centre de la terre (illustré).	in-8	1	4 50	Hetzel	»	»	P S	M S	S
Verne (Jules)	Les Indes noires (illustré)..........	in-8	1	4 50	Hetzel	»	»	P S	M S	M S
Verne (Jules)	Le Tour du monde en 80 jours (illustré).	in-8	1	4 50	Hetzel	»	»	P S	M S	M S
Verne (Jules)	Aventures de 3 Russes et de 3 Anglais (illustré).	in 8	1	4 50	Hetzel	»	»	P S	M S	M S
Verne (Jules)	Hector Servadac (illustré)....	in-8	1	9 »	Hetzel	»	»	P S	M S	M S
Verne (Jules)	Michel Strogoff (illustré)..	in-8	1	9 »	Hetzel	»	»	P S	M S	M S
Verne (Jules)	Le Pays des fourrures (illustré)......	in-8	1	9 »	Hetzel	»	»	P S	M S	M S
Verne (Jules)	Un capitaine de 15 ans (illustré).. .	in-8	1	9 »	Hetzel	»	»	P S	M S	M S
Verne (Jules)	La Maison à vapeur (illustré)........	in-8	1	9 »	Hetzel	»	»	P S	M S	M S
Verne (Jules)	Vingt mille Lieues sous les mers (ill.).	in-8	1	9 »	Hetzel	»	»	P S	S	S
Verne (Jules)	La Jangada (illustré)...............	in-8	1	9 »	Hetzel	»	»	P S	M S	M S
Verne (Jules)	Les Enfants du capitaine Grant (ill.)..	in-8	1	10 »	Hetzel	»	»	P S	M S	M S
Verne (Jules)	L'Ile mystérieuse (illustré)	in-8	1	10 »	Hetzel	»	»	P S	S	S
Verne (Jules)	Mathias Sandorff (illustré)..........	in-8	1	10 »	Hetzel	»	»	»	S	S
Verne (Jules)	Le Chemin de France (illustré).......	in-18	1	3 »	Hetzel	»	»	»	M S	»
Verne (Jules)	Kéraban le Têtu (illustré)...........	in-8	1	9 »	Hetzel	»	»	P S	S	S
Verne (Jules)	Le Chancellor (illustré)......	in-8	1	4 50	Hetzel	»	»	P S	S	S
Verne (Jules)	Mirifiques aventures de maître Antifer (illustré).	in-8	1	9 »	Hetzel	»	»	P S	M S	M S
Verne (Jules)	Deux Ans de Vacances (illustré)......	in-18	2	6 »	Hetzel	»	»	»	M S	M S
Verne (Jules)	Famille sans nom (illustré).........	in-8	1	9 »	Hetzel	»	»	P S	S	S
Verne (Jules)	Claudius Bombarnac (illustré).	in-8	1	4 50	Hetzel	»	»	»	M S	M S
Verne (Jules)	L'Ile à Hélice...........	in-12	2	6 »	Hetzel	»	»	»	M	M
Verne (Jules)	Face au drapeau	in-12	1	3 »	Hetzel	»	»	»	M S	M S

AUTEURS	TITRES DES OUVRAGES	FORMAT	NOMBRE DE VOLUMES	PRIX FORT	ÉDITEURS	DESTINATION				
						COLLÈGES municipaux	ÉCOLES professionnelles	ÉCOLES primaires supérieures	ÉCOLES de garçons	ÉCOLES de filles
Verne (Jules)	Le Sphinx des glaces (illustré)........	in-8	1	9 »	Hetzel	»	»	P S	M S	M S
Verne (Jules)	Le Sphinx des glaces (illustré)......	in-18	2	6 »	Hetzel	»	»	P S	M S	M S
Verne (Jules)	Le superbe Orénoque..............	in-8	1	9 »	Hetzel	»	»	»	M S	M S
Verne (Jules)	Le Testament d'un Excentrique	in-18	2	6 »	Hetzel	»	»	»	M S C	M S C
Verne (Jules)	Le Testament d'un Excentrique......	in-8	1	9 »	Hetzel	»	Pells	P S	S C	P S
Vincent (C.)	Tout seul......	in-18	1	3 50	Dentu	»	»	»	M S	M S
Voutchetitch	La Lanterne rouge	in-8	1	1 50	F. Didot	»	»	»	E M	E M
Wallot (Ch.)	L'Oasis......	in-8	1	1 35	Delagrave	»	»	»	M S	»
Walter Scott	Aventures de Nigel...........	in-8	1	10 »	F. Didot	»	»	P S	S	S
Walter Scott	Guy Mannering......	in-8	1	10 »	F. Didot	»	»	P S	S	S
Walter Scott	Péveril du Pic.....	in-8	1	10 »	F. Didot	»	»	P S	S	S
Walter Scott	La Fiancée de Lammermoor	in-8	1	10 »	F. Didot	»	»	P S	S	S
Walter Scott	Le Monastère.	in-8	1	10 »	F. Didot	»	»	P S	S	S
Walter Scott	Kenilwolth.............	in-8	1	10 »	F. Didot	»	»	P S	S	S
Walter Scott	La Jolie Fille de Perth..............	in-8	1	10 »	F. Didot	»	»	P S	S	S
Walter Scott	L'Abbé.............	in-8	1	10 »	F. Didot	»	»	P S	S	S
Walter Scott	Woodstock.......	in-8	1	10 »	F. Didot	»	»	P S	S	S
Walter Scott	L'Antiquaire.............	in-8	1	10 »	F. Didot	»	»	P S	S	S
Walter Scott	Les Puritains d'Ecosse....	in-8	1	10 »	F. Didot	»	»	P S	S	S
Walter Scott	Wawerley...	in-8	1	10 »	F. Didot	»	»	P S	S	S
Walter Scott	Rob-Roy	in-8	1	10 »	F. Didot	»	»	P S	S	S
Walter Scott	Quentin-Durward.....	in-8	1	10 »	F. Didot	»	»	P S	S	S
Walter Scott	Redgauntlet	in-8	1	10 »	F. Didot	»	»	P S	S	S
Walter Scott	Ivanhoë	in-8	1	10 »	F. Didot	»	»	P S	S	S
Walter Scott	Le Pirate	in-8	1	10 »	F. Didot	»	»	P S	S	S

AUTEURS	TITRES DES OUVRAGES	FORMAT	NOMBRE DE VOLUMES	PRIX FORT	ÉDITEURS	DESTINATION				
						COLLÈGES municipaux	ÉCOLES professionnelles	ÉCOLES primaires supérieures	ÉCOLES de garçons	ÉCOLES de filles
Walter Scott	Richard en Palestine	in-8	1	10 »	F. Didot	»	»	P S	S	S
Walter Scott	Le Nain noir	in-8	1	1 50	F. Didot	»	»	P S	S	M S
Walter Scott	Quentin Durward	in-8	1	1 »	Lecène	»	»	P S	M S	S
Walter Scott	Le Talisman	in-8	1	2 »	Lecène	»	»	»	S	M S
Walter Scott	Ivanhoë	in-8	1	3 »	Hachette	»	»	»	M S	M S
Walter Scott	Kenilworth	in-8	1	3 »	Hachette	»	»	»	M S	M S
With	Les Aventures d'un jeune ingénieur	in-12	1	3 50	Delagrave	»	»	»	M S	M S
Witt (Mᵐᵉ de)	Vieilles Histoires de la patrie	in-8	1	3 »	Hachette	»	»	P S	M S	M S
Witt (Mᵐᵉ de)	Les Bourgeois de Calais	in-4	1	7 50	H. May	»	»	P S	S	S

AUTEURS	TITRES DES OUVRAGES	FORMAT	NOMBRE DE VOLUMES	PRIX FORT	ÉDITEURS	DESTINATION				
						COLLÈGES municipaux	ÉCOLES professionnelles	ÉCOLES primaires supérieures	ÉCOLES de garçons	ÉCOLES de filles
Langue allemande										
Andersen	Trente contes choisis pour la famille.		1	4 35	Fischbacher	»	»	P S	»	»
Emil Engelmann	Germanias Sagenborn		1	8 75	Fischbacher	»	»	P S	»	»
Spyri Johann	Heydi I........................ ..		1	3 35	Fischbacher	»	»	P S	»	»
Wilhem Hauff	Lichtenstein.......................		1	8 50	Fischbacher	»	»	P S	»	»
Langue anglaise										
Dickens	David Copperfield..........		1		Vve Boyveau	»	»	P S	»	»
Dickens	A Christmas Carol		1		Vve Boyveau	»	»	P S	»	»
Edgeworth (Miss)	Forester........	in-8	1		Vve Boyveau	»	»	P S	»	»
Eliot (G.)	Silas Marner................		1		Vve Boyveau	»	»	P S	»	»
Eliot (G.)	The Mill of the Floss...............		1		Vve Boyveau	»	»	P S	»	»
Elwall (A.)	Dictionnaire anglais-français et français-anglais.	in-12	2		Delalain	»	»	P S	C	C
Goldsmith	Le Vicaire de Wakefield............	in-8	1		Vve Boyveau	»	»			
Thackeray	Vanity Fair...........		1		Vve Boyveau	»	»	P S	»	»

Beaux-Arts et Arts industriels (sauf la Musique).

AUTEURS	TITRES DES OUVRAGES	FORMAT	NOMBRE DE VOLUMES	PRIX FORT	ÉDITEURS	Collèges municipaux	Écoles professionnelles	Écoles primaires supérieures	Écoles de garçons	Écoles de filles
Adeline (J.)	Lexique des termes d'art	in-4	1	3 50	H. May	»	»	P S	C	C
Adeline (J.)	Bellangé, sa vie, son œuvre	in-8	1	20 »	H. May	»	»	P S	S	S
Adeline (J.)	Les Arts de reproduction vulgarisés	in-8	1	10 »	H. May	»	»	»	A	A
Alexandre (A.)	Histoire populaire de la peinture (Ecole italienne).	in-8	1	10 »	Laurens	»	Plles	P S	D A	»
Alexandre (A.)	Histoire populaire de la peinture (Ecole allemande).	in-8	1	10 »	Laurens	»	Plles	P S	D A	»
Alexandre (A.)	Histoire populaire de la peinture (Ecole française).	in-8	1	10 »	Laurens	»	Plles	P S	»	»
Alexandre (A.)	Histoire populaire de la peinture (Ecole flamande et hollandaise).	in-8	1	10 »	Laurens	»	Plles	P S	D A	»
Alexandre (A.)	Histoire de l'art décoratif	in-4	1	80 »	Laurens	»	»	P S	»	»
Alexandre (A.)	Histoire de la peinture militaire en France.	in-8	1	3 50	Laurens	»	Plles	P S	»	S
Alexandre (A.)	A.-L. Barye	in-4	1	4 »	Lemercier	»	Plles	P S	S	»
Aubert	Notions d'Histoire de l'art appliquées à l'architecture.	in-4	1	3 »	A. Colin	»	»	P S	A	»
Axenfeld	Les Grands Peintres (Ecole d'Italie).	in-8	1	3 50	Lecène	»	»	P S	S	S
Babeau (A.)	Le Louvre et son histoire	in-8	1	8 »	F. Didot	C M	Plles	P S	S C	S C
Bach (Mᵐᵉ)	Albums de travaux de dames	in-4	3	3 75 l'un	Dolfus-Mieg, Joly, représent	»	»	P S	»	»
Bauzon	La Sculpture décorative	in-8	1	3 50	Rouam et Cᵉ	»	Plles	P S	A	»
Bayard	L'Illustration et les illustrateurs	in-8	1	5 »	Delagrave	»	Plles	P S	S	S
Bayet	L'Art byzantin	in-8	1	3 50	H. May	»	Plles	P S	»	»
Bayet	Précis élémentaire d'histoire de l'art.	in-8	1	3 50	H. May	»	»	P S	S	S
Bellanger	Carnet d'un jeune dessinateur	in-4	1	2 »	Delagrave	»	»	P S	S	S
Bellanger	Traité usuel de peinture	in-18	1	4 »	Garnier	»	Plles	P S	»	»
Benoit-Lévy	L'Architecture religieuse	in-8	1	» 75	H. May	»	Plles	»	A	»
Bertrand	François Rude	in-4	1	4 50	Lemercier	»	»	P S	»	»
Bérain	L'Œuvre complète de Bérain	in-fᵒ	1	80 »	H. May	»	»	»	D A	»

AUTEURS	TITRES DES OUVRAGES	FORMAT	NOMBRE DE VOLUMES	PRIX FORT	ÉDITEURS	DESTINATION				
						COLLÈGES municipaux	ÉCOLES professionnelles	ÉCOLES primaires supérieures	ÉCOLES de garçons	ÉCOLES de filles
Besneray (M. de)	Les Grandes Époques de la peinture.	in-8	1	2 90	Delagrave	»	»	»	S	S
Blanc (Ch.)	Histoire de la Renaissance artistique en Italie.	in 8	2	15 »	F. Didot	»	»	P S	»	»
Blanc (Ch.)	La Peinture	in-8	1	3 50	Laurens	»	»	P S	S	»
Blanc (Ch.)	Les Grands Peintres	in-4	1	7 50	Laurens	»	»	P S	S	S
Blanc (Ch.)	L'Art dans la parure et dans le vêtement.	in-8	1	10 »	Laurens	»	»	P S	»	»
Blanc (Ch.)	Voyage de la haute Egypte	in-8	1	6 »	Laurens	»	»	P S	S	S
Blanc (Ch.)	Grammaire des arts décoratifs	in-8	1	10 »	Laurens	»	Plles	»	M S	M S
Blanc (Ch.)	Grammaire des arts du dessin	in-8	1	10 »	Laurens	»	Plles	P S	»	»
Blanc (Ch.)	Les trois Vernet	in-8	1	4 »	Laurens	»	»	Prix de dessin.		
Blondel (S.)	L'art pendant la Révolution	in-8	1	3 50	Laurens	«	»	P S	S	S
Bonnaffé	Le Meuble en France au seizième siècle.	in-4	1	25 »	Lemercier	»	Plles	P S	»	»
Bosc (E.)	Dictionnaire général de l'archéologie.	in-8	1	8 »	F. Didot	»	Plles	»	»	»
Bosq (P.)	Versailles et les Trianons	in-8	1	3 50	Laurens	»	Plles	»	»	»
Bosquet	Traité théorique et pratique de l'art du relieur.	in-8	1	12 50	Lahure	»	Plles	»	»	«
Bosquet	La Reliure, études d'un prat. sur l'hist. et la technol. de l'art du rel.-doreur.	in-8	1	10 »	Lahure	»	Plles	»	»	»
Bouchot (H.)	Le Livre, l'Illustration, la Reliure	in-8	1	3 50	H. May	»	»	P S	S	S
Bouchot (H.)	Les Clouet	in-8	1	3 »	Lemercier	»	»	»	M S	M S
Bouchot (H.)	La Lithographie	in-8	1	3 50	H. May	»	Plles	P S	D A	»
Bouchot (H.)	De la Reliure	in-8	1	7 50	Chez l'auteur	»	Plles	»	»	»
Bourgoin	Grammaire de l'ornement	in-8	1	7 50	Delagrave	»	»	»	D A	»
Bournand (F.)	Histoire des beaux-arts appliqués à l'industrie.	in-8	1	13 »	Bernard	»	»	P S	S	S
Bournand	Histoire de l'art en France	in-4	1	8 »	Gedalge	»	»	P S	S	S
Boutmy	Le Parthénon et le génie grec (Philosophie de l'architecture en Grèce).	in-12	1	3 50	A. Colin	»	»	P S	»	»
Breton	La Vie d'un artiste	in-12	1	3 50	Lemerre	.	»	P S	S	S
Breton	Nos Peintres du siècle	pt in-8	1	4 »	Société artistique	»	»	P S	Prix de dessin.	

AUTEURS	TITRES DES OUVRAGES	FORMAT	NOMBRE DE VOLUMES	PRIX FORT	ÉDITEURS	DESTINATION				
						COLLÉGES munici- paux	ÉCOLES profes- sion- nelles	ÉCOLES primaires supé- rieures	ÉCOLES de garçons	ÉCOLES de filles
Brucke et Hel- mholtz	Principes scientifiques des beaux arts.	in-8	1	6 »	F. Alcan	»	»	P S	»	»
Buron	Vieilles Églises de France	in-8	1	2 75	Delagrave	»	»	P S	»	»
Burty (Ph.)	Bernard Palissy	in-4	1	2 50	Lemercier	»	Pᶦˡᵉˢ	»	M S	M S
Castel	Les Tapisseries	in-16	1	1 »	Hachette	»	»	P S	»	»
Cerfberr de Mé- delsheim	L'Architecture en France	in-8	1	2 50	Ancienne libr. Furne	»	»	P S	S	S
Chabal	Croquis dessinés d'après nature	in-8	1	10 »	Guérinet	»	Pᶦˡᵉˢ	P S	»	»
Champeaux (A. de)	Les Monuments de Paris	in-8	1	3 50	Laurens	»	Pᶦˡᵉˢ	P S	S	S
Champeaux (A. de)	Le Meuble	in-8	2	7 »	H. May	»	Pᶦˡᵉˢ	P S	»	»
Champeaux (A. de)	Les Arts du tissu	in-8	1	3 50	Rouam et Cᵉ	»	Pᶦˡᵉˢ	P S	S	S
Champfleury	La Tour	in-4	1	4 »	Lemercier	»	»	P S	S	»
Charvet	Enseignement de l'art décoratif	in-8	1	25 »	Mᵒⁿ Morel	»	Pᶦˡᵉˢ	»	»	»
Château	Histoire de l'architecture	in-8	1	7 50	Mᵒⁿ Morel	»	»	P S	S	S
Checa	La Perspective	in-4	1	15 »	H. May	»	Pᶦˡᵉˢ	P S	»	»
Chesneau (E)	La Peinture anglaise	in-8	1	3 50	H. May	»	»	P S	S	S
Chesneau (E.)	Joshua Reynolds	in-4	1	3 »	Lemercier	»	»	P S	S	S
Chesneau (E.)	Carpeaux, sa vie, son œuvre	in-8	1	20 »	H. May	»	»	P S	S	S
Child (Th.)	Les Peintres de la jeunesse	in-8	1	5 »	Ducrocq	»	»	P S	»	»
Clément (Ch.)	Michel-Ange, Raphaël et Léonard de Vinci (ill.).	in-8	1	10 »	Hetzel	»	»	P S	S	S
Clément (Ch.)	Michel-Ange (Raphaël et Léonard de Vinci (ill.).	in-18	1	3 »	Hetzel	»	»	P S	S	»
Clément (Ch.)	Decamps	in-4	1	3 50	Lemercier	»	»	P S	S	S
Cocheris (P.)	Les Parures primitives	in-4	1	10 »	Ancienne libr. Furne	»	»	»	S	S
Collignon (Max)	L'Archéologie grecque	in-8	1	3 50	H. May	»	Pᶦˡᵉˢ	P S	S	»
Collignon (Max)	La Mythologie figurée	in-8	1	3 50	H. May	»	»	P S	S	»
Collignon (Max)	Phidias	in-4	1	4 50	Lemercier	»	»	P S	S	S
Collignon (Max)	Histoire de la sculpture grecque	in-4	2	60 »	F. Didot	»	Pᶦˡᵉˢ	P S	S	S

AUTEURS	TITRES DES OUVRAGES	FORMAT	NOMBRE DE VOLUMES	PRIX FORT	ÉDITEURS	COLLÈGES municipaux	ÉCOLES professionnelles	ÉCOLES primaires supérieures	ÉCOLES de garçons	ÉCOLES de filles
Colomb (C.)	Habitations et Édifices de tous les pays.	in-8	1	2 60	Hachette	»	»	P S	M S	M S
Corroyer	L'Architecture gothique............	in-8	1	3 50	H. May	»	»	P S	S	S
Cougny (G.)	Album manuel d'histoire de l'art (l'antiquité).	in-8	1	4 50	F. Didot	»	»	»	D A	»
Cougny (G.)	L'Art antique (1ʳᵉ partie)	in-8	1	4 »	F. Didot	»	»	P S	D A	S
Cougny (G.)	L'Art antique (2ᵉ partie)...........	in-8	1	4 »	F. Didot	»	»	P S	D A	S
Cougny (G.)	L'Art au moyen âge.	in-12	1	4 »	F. Didot	»	»	P S	D A	S
Cougny (G.)	L'Art moderne (La Renaissance).....	in-8	1	4 »	F. Didot	»	»	P S	D A	»
Cougny (G.)	L'Art moderne (dix-septième, dix-huitième et dix-neuvième siècles)..	in-8	1	4 »	F. Didot	»	»	P S	D A	»
Coulon	Les Arts du métal................	in-8	1	3 25	Rouam et Cᵉ	»	Plles	»	»	»
Cournault	Jean Lamour....................	in-4	1	1 50	Lemercier	»	»	P S	S .	S
Cournault	Ligier Richier....................	in 4	1	2 50	Lemercier	»	»	P S	»	»
Crauck et Demarquet	Croquis rapides...................	g. in-fᵒ	1	»	Brix	»	»	P P	S C	S C
Cuyer	Le dessin et la peinture...........	in-12	1	4 »	J.-B. Baillière	»	Plles	P S	S	»
Dargenty	Antoine Watteau	in-4	1	6 »	Lemercier	»	»	»	S	S
Dargenty	Le Baron Gros...................	in-4	1	3 50	Lemercier	»	»	P S	S	S
David d'Angers (fils)	David d'Angers, sa vie, ses œuvres...	in-8	1	» 95	H. Martin	»	»	P S	S	S
Davilliers	Recherches sur l'orfèvrerie en Espagne	in-4	1	40 »	H. May	»	Plles	»	»	»
Dayot (A.)	Raffet et son œuvre..............	in-8	1	6 »	H. May	»	»	»	S	S
Dayot (A.)	Charlet et Raffet.................	in-4	1	12 »	H. May	»	Plles	P S	S	S
Delaborde (H.)	Ingres, sa vie, ses travaux, sa doctrine	in-8	1	8 »	Plon, Nourrit et Cᵉ	»	»	P S	»	»
Delaborde (H.)	La Gravure....................	in-8	1	3 50	H. May	»	»	»	»	»
Delaborde (H.)	Gérard Edelinck................	in-4	1	3 50	Lemercier	»	»	P S	S	S
Demmin	Encyclopédie des arts.............	in-4	3	80 »	Ancienne libr. Furne	»	»	»	D A	»
Denfer	Album de serrurerie.............	g. in-fᵒ	1	13 »	Gauthier-Villars	»	»	»	D A	»
Deslys (Ch.)	Les Orfèvres français	in-8	1	1 60	Delagrave	»	»	P S	M S	M S

AUTEURS	TITRES DES OUVRAGES	FORMAT	NOMBRE DE VOLUMES	PRIX FORT	ÉDITEURS	DESTINATION				
						COLLÈGES munici- paux	ÉCOL e profes- sion- n·l'es	ÉCOLES primaires supé- rieures	ÉCOLES de garçons	ÉCOLES de fille
Diehl (C.)	Ravenne	in-4	1	2 50	Lemercier	»	»	P S	»	»
Dillmont (Mᵐᵉ de)	Album de broderies et travaux divers.	in-4	12 4	2 50 l'un 1 50 l'un	Dolfus-Mieg, Joly, réprésent.	»	Pˡˡᵉˢ	P S	»	»
Dillmont (Mᵐᵉ de)	Album de broderies au point de croix.	in 4	1	2 50	Dolfus-Mieg, Joly, représent.	»	Pˡˡᵉˢ	P S	· »	»
Dillmont (Mᵐᵉ de)	Encyclopédie des ouvrages de dames	in-8	1	3 75	Dolfus-Mieg. Joly, représent.	»	Pˡˡᵉˢ	P S	»	»
Dillmont (Mᵐᵉ de)	Encyclopédie des ouvrages de dames.	in-18	1	1 25	Dolfus-Mieg, Joly, représent.	»	Pˡˡᵉˢ	P S	»	»
Dillmont (Mᵐᵉ de)	Alphabet de la brodeuse.	album	1	»	Dolfus-Mieg, Joly, représent.	»	Pˡˡᵉˢ	P S	»	»
Divers	Les Arts du bois, des tissus et du papier.	in-4	1	40 »	H. May	»	»	P S	»	»
Divers	Extrait de l'Art pour tous (sculpture).	in-4	1	40 »	Mᵒⁿ Morel	»	Pˡˡᵉˢ	»	»	»
Divers	Extrait de l'Art pour tous (lettres or- nées).	in·4	1	20 »	Mᵒⁿ Morel	»	Pˡˡᵉˢ	»	»	»
Divers	Extrait de l'Art pour tous (étoffes) . . .	in·4	1	50 »	Mᵒⁿ Morel	» ··	Pˡˡᵉˢ	»	»	»
Divers	Dessins de décoration.	in-fol.	1	125 »	H. May	»	»	»	D A	»
Divers	Serrurerie ancienne et moderne.	g. in-4	2	11 » les deux	Daly	» ·	Pˡˡᵉˢ	» ·	»	»
Divers	Album extrait des ornements du dix- neuvième siècle.	g. in-4	1	7 25	Daly	»	Pˡˡᵉˢ	»	»	»
Divers	Pfnor, motifs d'ornements.	g. in-4	1	31 50	Daly	»	Pˡˡᵉˢ	»	»	»
Divers	Album de l'ornement des tissus	g. in-4	1	12 25	Daly	»	Pˡˡᵉˢ	»	»	»
Divers	Les Maîtres graveurs français.	in-4	1	18 50	Lemercier	»	»	»	D A	»
Divers	Revue des arts décoratifs (une année).	in-4	1	25 »	Rouam et Cᵉ	»	»	»	D A	»
Divers	Documents d'atelier. Art décoratif mo- derne.	in-4	1	30 »	Rouam et Cᵉ	»	Pˡˡᵉˢ	»	D A	»
Divers	Dessins du siècle	in-4	1	24 »	Baschet	»	»	»	D A	»
Divers	Dessins du Louvre.	in-4	4	130 »	Baschet	»	»	»	D A	»
Divers	École française (Dessins du Louvre). .	in-4	2	65 »	Baschet	»	»	»	D A	»
Divers	Ecole flamande et hollandaise (Des- sins du Louvre)	in-4	1	40 »	Baschet	»	»	»	D A	»
Duplessis	Les Audran.	in-8	1	3 55	Lemercier	»	»	»	S	S
Duval (M.)	Anatomie artistique.	in-8	1	3 50	H. May	»	Pˡˡᵉˢ	»	»	»
Ephrussi	Albert Durer.	in 4	1	60 »	H. May	»	»	»	D A	»

AUTEURS	TITRES DES OUVRAGES	FORMAT	NOMBRE DE VOLUMES	PRIX FORT	ÉDITEURS	DESTINATION				
						COLLÉGES municipaux	ÉCOLES professionnelles	ÉCOLES primaires supérieures	ÉCOLES de garçons	ÉCOLES de filles
Fidière	Chapu, sa vie, son œuvre............	in-8	1	12 »	Plon, Nourrit et Cᵉ	C M	Pᵉˡˡᵉˢ	P S	S	S
Flat (A.)	Le Musée Gustave Moreau..........	album	1	30 »	Société artistique	»	»	P S	Prix de dessin	
Font (A.)	Précis de l'histoire de l'art.........	in-12	1	1 50	Garnier	»	Pᵉˡˡᵉˢ	»	C	»
Fontenay	Les Bijoux anciens et modernes.....	in-4	1	25 »	H. May	»	»	P S	»	» »
Forgues (E.)	Gavarni........................	in-4	1	3 »	Lemercier	»	»	P S	»	
Fraipont	L'Art de peindre à l'aquarelle.......	in-8	1	12 »	Laurens	»	Pᵉˡˡᵉˢ	P S	»	»
Fraipont	L'Art d'appliquer ses connaissances en dessin.	in-8	1	12 »	Laurens	»	Pᵉˡˡᵉˢ	P S	S	S
Fraipont	Le Dessin à la plume...............	in-8	1	2 »	Laurens	»	Pᵉˡˡᵉˢ	P S	D A	»
Fraipont	La Photogravure et la gravure sur bois.	in-8	1	2 »	Laurens	»	Pᵉˡˡᵉˢ	P S	D A	»
Fraipont	La Plante dans la nature et la décoration.	in-8	1	20 »	Laurens	»	Pᵉˡˡᵉˢ	P S	D A	»
Fraipont	Le Modèle (1899)..................	in-4	1	15 »	Laurens	»	Pᵉˡˡᵉˢ	P S	D A	»
Fraipont	L'Art dans les travaux à l'aiguille....	in-4	1	20 »	Laurens	»	Pᵉˡˡᵉˢ	P S	»	»
Gabillot	Les Hüet.......................	in-8	1	10 »	Lemercier	»	»	»	S	S
Gandolphe	La Vie et l'Art des Scandinaves......	in-16	1	3 50	Perrin et Cᵉ	»	»	P S	»	»
Garnier	Histoire de la Céramique ancienne et moderne.	in-8	1	6 »	F. Alcan	»	Pᵉˡˡᵉˢ	P S	C	»
Gauthier	Prudhon.......................	in-4	1	2 50	Lemercier	»	»	P S	S	S
Gautier (Mᵉ)	Poèmes de la Libellule.............	in-4	1	20 »	Chez l'auteur	»	»	»	D A	»
Gayet	L'Art arabe....................	in-8	1	3 50	H. May	»	»	»	S	»
Gazier	Ph. et J.-B. de Champagne.........	in-8	1	3 50	Lemercier	»	»	»	S	S
Genouilhac (G. de)	L'Art héraldique..................	in-8	1	3 50	H. May	»	»	P S	»	»
Gerspach	L'Art de la verrerie...............	in-8	1	3 50	H. May	»	Pᵉˡˡᵉˢ	P S	S	S
Gerspach	La Mosaïque....................	in-8	1	3 50	H. May	»	»	P S	S	S
Gerspach	La Manufacture des Gobelins........	in-8	1	5 »	Delagrave	»	»	P S	S	S
Geymuller (H. de)	Les Ducerceau, leur vie, leur œuvre..	in-4	1	60 »	Lemercier	»	»	»	D A	»
Gille (P.)	Causeries sur l'art et les artistes.....	in-18	1	3 50	Calmann-Lévy	C M	»	»	A	A

AUTEURS	TITRES DES OUVRAGES	FORMAT	NOMBRE DE VOLUMES	PRIX FORT	ÉDITEURS	DESTINATION				
						COLLÈGES municipaux	ÉCOLES professionnelles	ÉCOLES primaires supérieures	ÉCOLES de garçons	ÉCOLES de filles
Girard	La Peinture antique	in-8	1	3 50	H. May	»	»	P S	S	»
Gonse (L.)	Eugène Fromentin	in-8	1	30 »	H. May	»	»	P S	»	»
Gonse (L.)	L'Art japonais	in-8	1	3 50	H. May	»	Pˡˡᵉˢ	P S	S	S
Gonse (L.)	L'Art ancien à l'Exposition de 1878	in-8	1	25 »	H. May	»	»	P S	»	»
Grandidier	La Céramique chinoise	in-4	1	50 »	F. Didot.	C M	Pˡˡᵉˢ	P S	»	»
Grandmaison (de)	Légendes des grands peintres	in-8	1	4 ♦	F. Didot	»	»	P S	M S	M S
Gréard (O.)	Meissonier, ses souvenirs, ses entre-tiens.	in-4	1	40 »	Hachette	»	Pˡˡᵉˢ	P S	Prix de dessin.	
Gruyer	Le Salon carré au musée du Louvre	in-4	1	50 »	F. Didot	»	Pˡˡᵉˢ	P S	S	»
Gsell (P.)	Promenades dans nos musées	in-8	1	1 50	H. May	»	»	»	M	M
Gsell (P.)	Entre deux expositions	in-8	1	» 90	H. May	»	»	»	E	E
Guillaume (E.)	Histoire de l'art et de l'ornement	in-8	1	3 »	Delagrave	»	»	P S	»	»
Hamerton	Türner	in-4	1	3 50	Lomercier	»	»	»	S	S
Hareux	Études de paysage	in-18	1	3 50	Dentu	»	»	»	A	A
Havard (H.)	L'Œuvre de Galland	in-4	1	40 »	H. May	»	»	»	D A	»
Havard (H.)	La Peinture hollandaise	in-8	1	3 50	H. May	»	»	P S	S	S
Havard (H.)	Histoire de l'orfèvrerie française	in-4	1	40 »	H. May	»	Pˡˡᵉˢ	»	D A	»
Havard (H.)	L'Art dans la maison (illustré)	in-8	1	25 »	Flammarion	»	»	P S	S	S
Havard (H.)	La Céramique (Histoire)	in-8	1	2 50	Delagrave	»	Pˡˡᵉˢ	»	A	A
Havard (H.)	La Menuiserie	in-8	1	2 50	Delagrave	»	Pˡˡᵉˢ	P S	S	»
Havard (H.)	La Céramique (fabrication)	in-8	1	2 50	Delagrave	»	Pˡˡᵉˢ	»	A	A
Havard (H.)	L'Orfèvrerie	in-8	1	2 50	Delagrave	»	Pˡˡᵉˢ	P S	S	»
Havard (H.)	Les Bronzes d'art et d'ameublement	in-8	1	2 50	Delagrave	»	Pˡˡᵉˢ	P S	S	»
Havard (H.)	La Verrerie (Histoire et fabrication)	in-8	1	2 50	Delagrave	»	Pˡˡᵉˢ	»	A	A
Havard (H.)	La Tapisserie	in-8	1	2 50	Delagrave	»	Pˡˡᵉˢ	P S	»	»
Havard (H.)	La Serrurerie	in-8	1	2 50	Delagrave	»	Pˡˡᵉˢ	»	»	»

AUTEURS	TITRES DES OUVRAGES	FORMAT	NOMBRE DE VOLUMES	PRIX FORT	ÉDITEURS	DESTINATION				
						COLLÈGES municipaux	ÉCOLES professionnelles	ÉCOLES primaires supérieures	ÉCOLES de garçons	ÉCOLES de filles
Havard (H.)	L'Ébénisterie	in-8	1	2 50	Delagrave	»	Plles	P S	A	»
Havard (H.)	La Décoration	in-8	1	2 50	Delagrave	»	Plles	P S	S	S
Havard (H.)	Les Styles	in-8	1	2 50	Delagrave	»	Plles	P S	S	»
Hébrard	Architecture		1		Dunod	»	Plles	»	A	»
Helbig	L'Épopée homérique	in-8	1	10 »	F. Didot	C M	»	P S	»	»
Henriet (F.)	Campagnes d'un paysagiste	in-8	1	6 »	Laurens	»	»	P S	S	S
Herrieis	Architecture, Sculpture et Ornements	album	1	»	Herrieis	»	Plles	»	D A	»
Horsin-Déon	Histoire de l'art en France jusqu'au quatorzième siècle.	in-8	1	3 50	Laurens	»	Plles	P S	S	S
Hustin	Constant Troyon	in-4	1	4 »	Lemercier	»	»	»	S	S
Jacquemin	Histoire générale du costume	in-4	1	20 »	Delagrave	»	»	P S	»	»
Jonveaux	Histoire de trois potiers célèbres	in-16	1	1 25	Hachette	»	»	P S	M S	M S
Jouin	David d'Angers et ses relations littéraires.	in-8	1	7 50	Plon, Nourrit et Cᵉ	»	»	P S	S	»
Jousse	Art du serrurier	in-8	1	35 »	A. Lévy.	»	»	»	D A	»
Laboulaye(Ch.)	L'Art industriel	in-8	1	7 »	Dunod	»	»	P S	»	»
Lacroix (P.)	Mœurs, Usages et Costumes au moyen âge.	in-4	1	30 »	F. Didot	C M	Plles	P S	S	S
Lacroix (P.)	XVIIe siècle : Institutions, Usages et Costumes.	in-4	1	30 »	F. Didot	C M	Plles	P S	S	S
Lacroix (P.)	XVIIIe siècle : Institutions, Usages et Costumes.	in-4	1	30 »	F. Didot	C M	Plles	P S	S	S
Lacroix (P,)	XVIIe siècle : Lettres, Sciences et Arts.	in-4	1	30 »	F. Didot	C M	Plles	P S	S	S
Lacroix (P.)	XVIIIe siècle : Lettres, Sciences et Arts.	in-4	1	30 »	F. Didot	C M	Plles	P S	S	S
Lacroix (P.)	Les Arts et les Métiers au moyen âge.	in-8	1	4 »	F. Didot	C M	»	P S	M S	M S
Lacroix (P.)	L'ancienne France : peintres et graveurs.	in-8	1	4 »	F. Didot	»	Plles	P S	S	S
Lacroix (P.)	L'Industrie et l'Art décoratif aux deux derniers siècles.	in-8	1	4 »	F. Didot	»	Plles	P S	M S	M S
Lacroix (P.)	l.'Ecole et la Science jusqu'à la Renaissance.	in-8	1	4 »	F. Didot	C M	»	P S	M S	M S
Lafenestre et Richtenberger	La Peinture en Europe (Hollande)	in-8	1	10 »	H. May	»	Plles	P S	S C A	S C A
Lafenestre et Richtenberger	La Peinture en Europe (Venise)	in-8	1	10 »	H. May	»	Plles	P S	D A	»

AUTEURS	TITRES DES OUVRAGES	FORMAT	NOMBRE DE VOLUMES	PRIX FORT	ÉDITEURS	DESTINATION				
						Collèges munici-paux	Écoles profes-sion-nelles	Écoles primaires supé-rieures	Écoles de garçons	Écoles de filles
Lafenestre et Richtenberger	La Peinture en Europe (La Belgique).	in-8	1	10 »	H. May	»	Plles	P S	D A	»
Lafenestre et Richtenberger	La Peinture en Europe (Le Louvre)..	in-8	1	10 »	H. May	»	»	»	S	S
Lafenestre et Richtenberger	La Peinture en Europe (Florence)....	in-8	1	10 »	H. May	»	Plles	P S	D A	»
Lafond	L'Art décoratif et le Mobilier sous l'Empire.	gr.in-4	1	40 »	Laurens	»	Plles	P S	»	»
Laloux	L'Architecture grecque..............	in-8	1	3 50	H. May	»	»	P S	»	»
La Marche (de)	Les Manuscrits et la Miniature.......	in-8	1	3 50	H. May	»	»	P S	S	»
Lamarque	Nos Grands Peintres.................	in-8	1	1 45	H. Martin	»	»	»	S	S
Laugel	L'Optique et les Arts...............	in-12	1	2 50	F. Alcan	»	»	P S	S	»
Lebart	La Décoration florale (douze planches).	in-fo	1	30 »	Calavas	»	Plles	»	»	»
Lechevallier-Chevignard	Les Styles français.................	in-8	1	3 50	H. May	»	»	P S	S	»
Lefébure	Broderies et Dentelles..............	in-8	1	3 50	H. May	»	Plles	»	»	»
Lefort	Vélasquez.........................	in-4	1	5 50	Lemercier	»	»	P S	S	S
Lefort	Murillo et ses Elèves...............	in-8	1	6 »	Rouam et Cᵉ	»	»	P S	»	»
Lefort	La Peinture espagnole..............	in-8	1	3 50	H. May	»	»	»	S	S
Legrain	Amours et enfants.................	album	1	30 »	Laurens	»	Plles	»	D A	»
Lemaître	L'Ecole des Beaux-Arts.............	in-8	1	10 »	F. Didot	»	»	P S	»	»
Lenormant	Monnaies et Médailles..............	in-8	1	3 50	H. May	»	»	P S	S	S
Léonce	Oiseaux et fleurs..................	in-fol.	1	40 »	A. Levy	»	»	»	D A	»
Leroy-St-Aubert	Histoire de la peinture en France....	in-12	1	3 »	Delagrave	»	»	»	S	S
Lhomme	Raffet.............................	in-4	1	8 »	Lemercier	»	»	P S	S	S
Lhomme	Charlet...........................	in-4	1	4 «	Lemercier	»	»	P S	S	S
Libonis	Croquis d'après les maîtres........	album	3	18 »	Laurens	»	»	»	D A	»
Libonis	L'ornement........................	in-4	1	20 »	Laurens	»	Plles	P S	A	»
Libonis	Les Styles enseignés par l'exemple (antiquité, etc.).	in-4	1	20 »	Laurens	»	Plles	P S	Prix de dessin.	
nis	Les Styles français enseignés par l'exemple.	in-4	1	20 »	Laurens	C M	Plles	P S	D A	»

AUTEURS	TITRES DES OUVRAGES	FORMAT	NOMBRE DE VOLUMES	PRIX FORT	ÉDITEURS	DESTINATION				
						COLLÉGES municipaux	ÉCOLES professionnelles	ÉCOLES primaires supérieures	ÉCOLES de garçons	ÉCOLES de filles
Libonis	Les Styles enseignés par l'exemple (art moderne).	in-4	1	20 »	Laurens	»	Plles	P S	A	»
Londe	La Photographie	n-8	1	15 »	Masson	C M	»	»	»	»
Lostalot (de)	Les Procédés modernes de la gravure.	in-8	1	3 50	H. May	»	Plles	P S	S	S
Lostalot (de)	Les Arts du bois.	in-8	1	3 50	Rouam et Cᵉ	»	Plles	P S	M S	M S
Lubke (W.)	Précis de l'histoire des beaux-arts . .	in-8	1	6 »	Flammarion	»	»	P S	M S	M S
Magniant	Fantaisies florales.	album	1	30 »	Laurens	»	Plles	P S	»	»
Maindron (M.)	Les Armes	in-8	1	3 50	H. May	»	»	P S	»	»
Maindron	L'Art indien.	in 4	1	3 50	H. May	»	»	Prix de dessin.		
Mantz (P.)	Hans Holbein.	in-fol.	1	100 »	H. May	»	»	»	D A	»
Mantz (P.)	La Peinture française du IXᵉ à la fin du XVIᵉ siècle.	in-8	1	3 50	H. May	»	Plles	»	C A	C A
Maquet (A.)	Paris sous Louis XIV.	in-4	1	20 »	Garnier	C M	»	P S	»	»
Marmottan	Les Statues de Paris	in-8	1	3 50	Laurens	»	Plles	P S	S	S
Martha	L'Art étrusque.	in-4	1	30 »	F. Didot	»	»	»	D A	»
Martha	L'Archéologie étrusque et romaine...	in-8	1	3 50	H. May	»	Plles	»	D A	»
Marthold	La Lithographie.	in-16	1	» 75	H. May	»	Plles	»	»	P S
Martin (Alexis)	Faïences et porcelaines (illustré).	in-8	1	3 50	Hennuyer	»	»	P S	»	»
Maspero	L'Archéologie égyptienne.	in 8	1	3 50	H. May	»	Plles	P S	»	»
Mathias-Duval	L'Anatomie artistique.	in-8	1	3 50	H. May	»	»	P S	S	»
Mayeux	La Composition décorative.	in-8	1	3 50	H. May	»	Plles	P S	A	A
Ménard (R.)	Le Monde vu par les artistes.	g. in-8	1	20 »	Delagrave	»	»	P S	M S	M S
Ménard (R.)	Les Curiosités artistiques.	in-12	1	4 »	Delagrave	»	»	»	M S	M S
Ménard (R.)	La Mythologie.	in-12	1	20 »	Delagrave	»	»	P S	»	»
Ménard (R.)	Histoire des beaux-arts.	in-12	3	6 »	Delagrave	»	»	P S	»	»
Ménard (R.)	L'Architecture.	in-12	1	3 »	Lemercier	»	»	»	S	S
Ménard (R.)	Histoire des Beaux-Arts	in-8	1	12 »	Lahure	»	»	P S	S	»

AUTEURS	TITRES DES OUVRAGES	FORMAT	NOMBRE de volumes	PRIX FORT	ÉDITEURS	DESTINATION				
						COLLÈGES municipaux	ÉCOLES professionnelles	ÉCOLES primaires supérieures	ÉCOLES de garçons	ÉCOLES de filles
Mérimée (Prosper)	Etudes sur les arts au moyen âge....	in-18	1	3 50	Calmann-Lévy	»	»	P S	S	»
Mesureur (G.)	L'art dans la lingerie (album de broderie.	g. in-4	1	6 »	Hennuyer	»	Pᵉˡˡᵉˢ	»	»	»
Michel (A.)	François Boucher....................	in-fol.	1	5 »	Lemercier	»	»	P S	S	S
Michel (E.)	Rembrandt........................	in-4	1	5 »	Lemercier	»	»	P S	M S	M S
Michel (E.)	Gérard Terburg....................	in-4	1	3 »	Lemercier	»	»	»	S	S
Michel (E.)	Jacob van Ruysdaël................	in-4	1	3 50	Lemercier	»	»	P S	»	»
Michel (E.)	Hobbema.........................	in-4	1	2 50	Lemercier	»	»	»	M S	M S
Michel (E.)	Les Van de Velde..................	in-4	1	4 50	Lemercier	»	»	»	S	S
Michel	Notes sur l'art moderne (Peinture)...	in-18	1	3 50	A. Colin	»	»	P S	»	»
Molinier	Venise, ses arts décoratifs, ses musées.	in-4	1	25 »	Lemercier	»	Pᵉˡˡᵉˢ	P S	S	»
Molinier	Les Arts du métal	in-4	1	3 50	Rouam et Cᵉ	»	Pᵉˡˡᵉˢ	P S	S	»
Motte	Petite histoire de l'art.............	in-8	1	7 »	A. Colin	»	»	»	S	S
Moureau	Les Moreau......................	in-4	1	4 50	Lemercier	»	»	»	S	S
Munkacsy	Souvenirs (l'Enfance)..............	in-8	1	3 50	Calmann-Lévy	»	»	»	M S	M S
Muntz	Raphaël, sa vie, son œuvre et son temps.	in-4	1	8 »	Hachette	»	»	P S	A Prix de dessin	
Muntz (E.)	Donatello........................	in-4	1	5 »	Lemercier	»	»	»	M S	M S
Muntz (E.)	Tapisseries, broderies et dentelles ...	in-4	1	20 »	Lemercier	»	»	»	D A	»
Muntz (E.)	La Tapisserie.....................	in-8	1	3 50	H. May	»	Pᵉˡˡᵉˢ	P S	S	S
Nansouty (de)	Premières visites à l'Exposition de 1900.	in-18	1	3 50	Flammarion	»	»	»	M S	M S
Nolhac (de)	Le Musée national de Versailles......				Braux	C M	»	P S	S	»
Paléologue	L'Art chinois.....................	in-8	1	3 50	H. May	»	Pᵉˡˡᵉˢ	»	»	»
Paliser	Histoire de la dentelle.............	in-8	1	6 »	F. Didot	»	»	P S	»	S
Palustre	L'Architecture de la Renaissance.....	in-8	1	3 50	H. May	»	Pᵉˡˡᵉˢ	P S	S	»
Paris	La Sculpture antique	in-8	1	3 50	H. May	»	»	»	D A	»
Passepont	Étude des ornements..............	in-4	1	10 »	Rouam et Cᵉ	»	Pᵉˡˡᵉˢ	P S	S A	S A

AUTEURS	TITRES DES OUVRAGES	FORMAT	NOMBRE DE VOLUMES	PRIX FORT	ÉDITEURS	DESTINATION				
						COLLÈGES municipaux	ÉCOLES professionnelles	ÉCOLES primaires supérieures	ÉCOLES de garçons	ÉCOLES de filles
Pecaut (E.) et Baude (Ch.)	L'art........................	in-8	1	2 »	Larousse	»	»	P S	M S	S
Pellissier	Les Chefs-d'œuvre de l'art moderne..	in-8	1	6 »	Laurens	»	»	»	S	S
Pératé	L'Archéologie chrétienne...........	in-8	1	3 50	H. May	»	»	P S	S	S
Perkius (Ch.)	Ghiberti et son école.............	in-4	1	15 »	Lemercier	»	»	»	D A	»
Peyre (Roger)	Histoire générale des Beaux-Arts.....	in-12	1	6 »	Delagrave	»	»	»	S	S
Peyre (Roger)	Les Beaux-Arts dans l'Antiquité.....	in-8	1	2 »	Delagrave	»	»	P S	C	C
Peyre (Roger)	Répertoire chronologique des Beaux-Arts.	in-16	1	6 »	Laurens	»	»	P S	Prix de dessin	
Pillet	Madame Vigée-Lebrun.............	in-4	1	2 50	Lemercier	»	»	P S	»	»
Pillet (J.)	Manuel du dessinateur.............	in-8	1	20 »	J. Pillet	»	Plles	P S	D A	»
Pinset (R.) et d'Auriac (J.)	Histoire du portrait en France.......	in-4	1	15 »	L'Auteur, 12, rue Saint-Bernard	»	»	P S	M S	M S
Planchon.	L'Horloge......................	in-8	1	8 »	Laurens	»	»	P S	M S C	M S C
Provost-Blondel	Voyelles et Consonnes.............	in-8	1	20 »	H. May	»	Plles	»	»	»
Prunaire	Les plus beaux types de lettres......	in-8	1		Schmid	»	Plles	»	»	»
Quicherat	Histoire du costume en France......	in-4	1	20 »	Hachette	»	Plles	P S	»	»
Racinet	Ornement polychrome.............	in-4	1	240 »	F. Didot	»	Plles	»	D A	»
Rayet	Histoire de la Céramique grecque....	in-4	1	12 »	Tallandier	»	»	»	Prix de dessin.	
Régamey	Le Japon pratique.................	in-18	1	4 »	Hetzel	»	Plles	P S	S	S
Renan (Ary)	Le Costume en France.............	in-8	1	3 50	H. May	»	»	P S	S	S
Revon	Etude sur Hoksaï.................	in-8	1	7 50	Lecène	»	»	»	D A	»
Reymond (V.)	Histoire de l'art.................	in-8	1	2 90	Delagrave	»	»	P S	»	»
Richer	Anatomie artistique, description des formes extérieures.	in-4	2	50 »	Plon, Nourrit et Cᵉ	»	Plles	»	D A	»
Ris Paquot	Faïences, Porcelaines et Biscuits.....	in-8	1	3 50	Laurens	»	»	P S	»	»
Ris Paquot	La Céramique...................	in-8	1	30 »	Laurens	»	»	P S	D A	»
Robert (Karl)	La Céramique...................	in-8	1	6 »	Laurens	»	»	P S	»	»
Rocheblave	Les Cochin.....................	in-4	1	7 »	Lemercier	»	»	P S	S	S

AUTEURS	TITRES DES OUVRAGES	FORMAT	NOMBRE DE VOLUMES	PRIX FORT	ÉDITEURS	DESTINATION				
						COLLÈGES municipaux	ÉCOLES professionnelle	ÉCOLES primaires supérieures	ÉCOLES de garçons	ÉCOLES de filles
Roger-Milès	Corot	in-4	1	3 50	Lemercier	»	»	P S	»	»
Roger-Milès	La Peinture décorative	in-8	1	3 50	Rouam et Cᵉ	»	Pᵈˡᵉˢ	P S	S	S
Roger-Milès	L'Antiquité	in-8	1	3 50	Ronam et Cᵉ	»	»	P S	S	S
Roger-Milès	Michel-Ange, sa vie, son œuvre	in-8	1	3 50	Rouam et Cᵉ	»	»	P S	S	S
Roger-Milès	La Renaissance	in-8	1	3 25	Rouam et Cᵉ	»	Pᵈˡᵉˢ	P S	»	»
Roger-Milès	Le Moyen Age	in-8	1	6 »	Rouam et Cᵉ	»	Pᵈˡᵉˢ	P S	»	»
Roger-Milès	F. Millet. Le Paysan	in-4	1	4 »	Flammarion	»	»	»	A	A
Roger-Milès	Corot				Braun	C M	»	P S	A	»
Rouaix (P.)	Dictionnaire des arts décoratifs	in-8	1	7 50	Tallandier	»	»	P S	S	S
Saint-Paul (A).	Histoire monumentale de la France	in-8	1	2 60	Hachette	»	»	P S	M S	S M
Serigan (de)	La Peinture à l'eau	in-12	1	3 50	Garnier	»	Pᵈˡᵉˢ	P S	»	»
Silvestre (Th.)	Les Artistes français	in-12	1	3 30	Charpentier	»	»	P S	»	»
Tarsot et Charlot	Les Palais nationaux	in-8	1	3 50	Laurens	»	»	P S	S	S
Thénot	Traité de perspective pratique	g. in-8.	1	15 »	Vᵉ Dunod et Vicq	C M	Pᵈˡᵉˢ	P S	»	»
Tournayre	La Porte, la Fenêtre, la Baie		1	28 »	Tournayre, rue du Montdore	»	Pᵈˡᵉˢ	»	»	»
Vachon (Marius)	Jacques Callot	in-4	1	3 »	Lemercier	»	»	»	M S	M S
Vachon (Marius)	Philibert de Lorme	in-4	1	2 50	Lemercier	»	»	P S	S	S
Vachon (Marius)	Les Arts et les industries du papier en France.	in-4	1	20 »	H. May	»	Pᵈˡᵉˢ	»	»	»
Valabrègue	Abraham Bosse	in-4	1	4 »	Lemercier	»	Pᵈˡᵉˢ	P S	S	S
Vallette	Les Révolutions de l'art	in-8	1	12 »	Rouam et Cᵉ	»	Pᵈˡᵉˢ	»	D A	»
Valton (E.)	Le Dessin théorique et pratique	in-8	1	12 »	Tallandier	»	Pᵈˡᵉˢ	P S	S	S
Vattier	Une Famille d'artistes (les Dumont)	in-8	1	5 »	Delagrave	»	»	P S	S	S
Véron	Eugène Delacroix	in-8	1	5 »	Lemercier	»	»	P S	S	S
Vidal (L.)	Cours de reproductions industrielles	in-12	1	3 50	Delagrave	»	»	P S	M S	»
Viollet-le-Duc	Décoration appliquée aux édifices	in-8	1	5 »	Lemercier	»	»	»	D A	»

AUTEURS	TITRES DES OUVRAGES	FORMAT	NOMBRE DE VOLUMES	PRIX FORT	ÉDITEURS	DESTINATION				
						COLLÈGES municipaux	ÉCOLES professionnelles	ÉCOLES primaires supérieures	ÉCOLES de garçons	ÉCOLES de filles
Viollet-le-Duc	Histoire de l'habitation humaine (ill.).	in-8	1	7 »	Hetzel	»	»	P S	S	S
Viollet-le-Duc	Comment on construit une maison (ill.).	in-8	1	4 50	Hetzel	»	Plles	P S	S	.S
Viollet-le-Duc	Histoire d'une maison (ill.)	in-18	1	4 »	Hetzel	»	»	P S	S	S
Viollet-le-Duc	Histoire d'une forteresse (ill.)	in-8	1	7 »	Hetzel	»	»	P S	S	S
Viollet-le-Duc	Histoire d'un hôtel de ville et d'une cathédrale.	in-8	1	7 »	Hetzel	»	»	P S	S	S
Viollet-le-Duc	Histoire d'un dessinateur (illustré)	in-8	1	4 50	Hetzel	»	Plles	P S	S	S
Viollet-le-Duc	Comment on devient dessinateur (ill.).	in-12	1	4 »	Hetzel	»	»	»	D A	»
Viollet-le-Duc	Dessins inédits (ensemble)	album	1	60 »	Guérinet	»	»	»	D A	»
Viollet-le-Duc	Dessins inédits	album	1	60 »	Guérinet	»	»	»	D A	»
W. et Audsley (G.)	Peinture murale décorative	in-fol.	1	50 »	F. Didot	»	Plles	P S	D A	S
Wauters (A.-J.)	La Peinture flamande	in-8	1	3 50	H. May	»	»	»	S	S
Wauters (A.-J.)	Bernard Van Orley	in-4	1	4 »	Lemercier	»	»	»	M S	M S
Wièle (Van de)	Les Frères Van Ostade	in-4	1	3 50	Lemercier	»	»	»	M S	M S
Wyzewa (T. de)	Les Arts du feu	in-8	1	3 50	Rouam et Cⁱᵉ	»	Pll a	P S	M S	M S
Wyzewa (T. de)	Les grands Peintres, Espagne, Angleterre.	in-8	1	4 »	F. Didot	»	Plles	P S	S	S
Wyzewa (T. de)	Les grands Peintres de l'Allemagne	in-8	1	4 »	F. Didot	»	Plles	P S	S	S
Wyzewa (T. de)	Les grands Peintres des Flandres	in-4	1	4 »	F. Didot	»	»	P S	S	S
Wyzewa (T. de)	Les grands Peintres de l'Italie	in-8	1	4 »	F. Didot	»	»	P S	S	S
Wyzewa (T. de) et Perreau	Les grands Peintres de France (des origines à H. Vernet).	in-8	1	4 »	F. Didot	»	»	P S	S	..
Wyzewa (T. de) et Perreau	Les grands Peintres de France (période contemporaine).	in 8	1	4 »	F. Didot	»	»	P S	S	S
X...	Les Maîtres français (1re série)	in-4	1	12 50	Lemercier	»	»	P S	»	»
X...	Les Maîtres hollandais (1re série)	in-4	1	12 50	Lemercier	»	»	P S	»	»
X...	Modèles de broderie et applications	album	1	3 »	Laurens	»	Plles	P S	»	»
X...	Modèles de peinture sur faïence et porcelaine.	album	1	3 «	Laurens	»	Plles	P S	»	»
X...	Meissonnier	in-8	1	9 »	Baschet	»	»	»	D A	»

AUTEURS	TITRES DES OUVRAGES	FORMAT	NOMBRE DE VOLUMES	PRIX FORT	ÉDITEURS	DESTINATION				
						COLLÈGES municipaux	ÉCOLES professionnelles	ÉCOLES primaires supérieures	ÉCOLES de garçons	ÉCOLES de filles
X...	L'Art français	in-8	1	60 »	Baschet	»	»	»	D A	»
X...	Paul Baudry	in-8	1	24 »	Baschet	»	»	»	D A	»
X...	Deux cents dessins de maîtres modernes.	in-4	1	5 »	Tallandier	»	»	Prix de dessin		»
X...	Livre d'ornement (orfèvres bijoutiers)	in-fol.	1	60 »	A. Lévy	»	»	»	D A	»
X..	Meubles d'art (90 planches)	in-fol.	1	40 »	Mon Morel	»	»	»	D A	»
X...	Ferronnerie d'art (60 planches)	in-fol.	2	30 »	Mon Morel	»	»	»	D A	»
X...	Ferronnerie d'art (80 planches)	in-fol.	1	40 »	Mon Morel	»	»	»	D A	»
X...	Décoration intérieure (110 planches).	in-fol.	1	45 »	Mon Morel	»	»	»	D A	»
X...	Décoration intérieure (120 planches).	in-fol.	1	50 »	Mon Morel	»	»	»	D A	»
X...	Décoration extérieure (60 planches).	in fol.	1	30 »	Mon Morel	»	»	»	D A	»
X...	La Sculpture française contemporaine	in-fol.	1	60 »	Guérinet	»	»	»	D A	»
X...	Le Musée de sculpture comparée	in-fol.	1	30 »	Guérinet	»	»	»	D A	»
X...	Bibliothèque du musée comparée	in-fol.	1	30 »	Guérinet	»	»	»	»	»
X...	L'Architecture française	in-4	1	30 »	Guérinet	»	»	»	D A	»
X...	Monuments historiques de France	in-fol.	1	60 »	Guérinet	»	Plles	P S	D A	»
X...	L'Architecture ancienne et moderne.	in-4	1	35 »	Guérinet	»	»	»	D A	»
X...	Venise. — Florence	in-fol.	1	45 »	Guérinet	»	Plles	P S	D A	»
X...	Encyclopédie de la fleur	planches	1	60 »	Guérinet	»	Plles	»	D A	»
X...	Le Musée des arts décoratifs	in-4	1	30 »	Guérinet	»	Plles	P S	D A	»
X...	L'art du tourneur (1re partie)	album	1	20 »	Ve Maincent	»	Plles	»	D A	»
X...	La Connaissance des styles	album	1	25 »	Ve Maincent	»	»	»	D A	»
X...	Le Portefeuille du tapissier parisien (1re partie).	album	1	18 »	Ve Maincent	»	Plles	»	D A	»
X...	Le Portefeuille du tapissier parisien (2e partie).	album	1	20 »	Ve Maincent	»	Plles	»	D A	»
X...	Le Costume, la Mode	in-18	1	1 »	H. May	»	»	»	Prix de coupe.	
Yriarte (Ch.)	Fortuny	in-4	1	2 »	Lemercier	»	»	P S	M S	M S

AUTEURS	TITRES DES OUVRAGES	FORMAT	NOMBRE D' VOLUMES	PRIX FORT	ÉDITEURS	DESTINATION				
						COLLÈGES municipaux	ÉCOLES professionnelles	ÉCOLES primaires supérieures	ÉCOLES de garçons	ÉCOLES de filles

L. — Musique.

AUTEURS	TITRES DES OUVRAGES	FORMAT	NOMBRE DE VOLUMES	PRIX FORT	ÉDITEURS	COLLÈGES municipaux	ÉCOLES professionnelles	ÉCOLES primaires supérieures	ÉCOLES de garçons	ÉCOLES de filles
Beethoven	Fidélio (partition chant et piano).....	in-8	1	15 »	Choudens					
Berlioz	Les Troyens à Carthage (partition pour piano et chant).	in-8	1	20 »	Choudens					
Bisson (Th.) et Lajarte (A. de).	Biographie des musiciens (petite encyclopédie musicale)..............	in-8	1	6 »	Hennuyer	»		P S	S	S
Bisson (Th.) et Lajarte (A. de).	Traité de musique (petite encyclopédie musicale).	in-8	1	6 »	Hennuyer	»		P S	S	S
Bizet (G.)	Les Pêcheurs de perles (partition pour piano et chant).	in-8	1	15 »	Choudens					
Bizet (G.)	L'Arlésienne (partition pour piano et chant).	in-8	1	7 »	Choudens					
Bizet (G.)	Carmen (partition pour piano et chant).	in-8	1	20 »	Choudens					
Blaserna et Helmholtz	Le son et la musique..............	in-8	1	6 »	F. Alcan	»	»	P S	S	S
Charlieu	Le Petit Florentin...............	in-8	1	2 90	Delagrave				S	S
Collin	Histoire de la musique et des musiciens........................	in-12	1	3 50	Delagrave	»	»	»	M S	M S
Colomb	La Musique................	in-16	1	2 25	Hachette			P S	M S	M S
Constant (P.)	Sarrette et les origines du Conservatoire national de musique.	in-8	1		Delalain	»	»	P S	S	S
Divers	Les Chants de la jeunesse (recueil de mélodies avec paroles et accompagnement de piano).	album	1	4 »	Durand et fils					
Divers	Echos de France (piano et chant)....	in-8	2	14 »	Durand et fils					
Divers	Echos d'Allemagne (piano et chant)..	in-8	3	7 » le vol	Durand et fils					
Divers	Album chant (1er degré) garçons (piano et chant).	in-4	1	5 »	Choudens					
Divers	Album chant (2e degré), garçons (piano et chant).	in-4	1	5 »	Choudens					
Divers	Album chant (1er degré), filles (piano et chant).	in-4	1	5 »	Choudens					
Divers	Album chant (2e degré), filles (piano et chant).	in-4	1	5 »	Choudens					
Divers	Album de chant (3e degré), garçons.	in-4	1	5 »	Choudens					
Divers	Album de chant (3e degré, filles).....	in-4	1	5 »	Choudens					
Divers	Vieilles chansons.................	in-4	1	5 »	Choudens					

AUTEURS	TITRES DES OUVRAGES	FORMAT	NOMBRE DE VOLUMES	PRIX FORT	ÉDITEURS	DESTINATION				
						COLLÈGES munici-paux	ÉCOLES profes-sion-nelles	ÉCOLES primaires supé-rieures	ÉCOLES de garçons	ÉCOLES de filles
Ernst	L'art de Richard Wagner............	in-18	1	3 50	Plon, Nourrit et Cᵉ	C M	»	P S	»	»
Fragerolle	Le Rêve de Joël...................	album	1	4 »	Enoch	»	»	P S	C	C
Gedalge (Mᵉ)	Les gloires musicales du monde.....	in-4	1	8 »	Gedalge				S	S
Glück	Alceste	in-8	1	2 net	Choudens					
Glück	Armide..................	in-8	1	2 net	Choudens					
Glück	Orphée (partition, chant et piano)....	in-8	1	15 »	Choudens					
Glück	Iphigénie......	in-8	1	4 net	Choudens					
Gounod (Ch.)	Vingt Mélodies (1ᵉʳ recueil) (piano et chant).	in-8	1	10 »	Choudens					
Gounod (Ch.)	Faust (partition pour piano et chant).	in-8	1	20 »	Choudens					
Gounod (Ch.)	Philémon et Baucis (partition pour piano et chant).	in-8	1	15 »	Choudens					
Gounod (Ch.)	Mireille (partition pour piano et chant).	in 8	1	15 5	Choudens					
Gounod (Ch.)	Mémoires d'un artiste.............	in-12	1	3 50	Calmann-Lévy	»	»	P S	S C	»
Grétry	Les deux Avares.................	in-8	1	2 net	Choudens					
Grétry	Richard-Cœur-de-Lion	in-8	1	2 net	Choudens					
Hannedouche	Les grands musiciens français.......	in-8	1	1 40	Lecène	»	»	»	M S	M S
Jullien (A.)	Hector Berlioz, sa vie, son œuvre....	in-4	1	40 »	Lemercier	»	»	P S	»	M S
Lacroix (P.)	Le Théâtre, la Musique jusqu'en 1789.	in-8	1	4 »	F. Didot	C M	»	P S	M S	M S
Lavignac	La Musique et les Musiciens.........	in-12	1	5 »	Delagrave	»	»	P S	M S	C
Lavignac	Voyage artistique à Bayreuth........	in-12	1	5 »	Delagrave	»	»	P S	S C	S C
Lavoix (H.)	La Musique française.............	in-8	1	3 50	H. May	»	»	P S	C	M S
Lavoix (H.)	Histoire de la Musique............	in-8	1	3 50	H. May	»	»	P S	M S	
Méhul	Joseph......................	in-8	1	2 net	Choudens					
Mendelsshon - Bartholdy	Douze Duos (piano et chant)........	in-8	1	5 »	Durand et fils					
Monsigny	Le Déserteur...................	in-8	1	2 »	Choudens					
Mozart	Les Noces de Figaro (partition chant et piano).	in-8	1	15 »	Choudens					

AUTEURS	TITRES DES OUVRAGES	FORMAT	NOMBRE DE VOLUMES	PRIX FORT	ÉDITEURS	DESTINATION				
						COLLÈGES municipaux	ÉCOLES professionnelles	ÉCOLES primaires supérieures	ÉCOLES de garçons	ÉCOLES de filles
Mozart	Don Juan (partition pour piano et chant).	in 8	1	15 »	Choudens					
Reyer (E.)	Vingt mélodies (2ᵉ recueil) (piano et chant).	in-8	1	10 »	Choudens					
Reyer (E.)	Salammbo	in-8	1	20 »	Choudens					
Rossini	Le Barbier de Séville.	in-8	1	15 »	Choudens					
Saint-Saëns (C.)	Ascanio (partition pour piano et chant).	in-8	1	20 »	Durand et fils					
Saint-Saëns (C.)	Samson et Dalila (partition pour piano et chant).	in-8	1	15 »	Durand et fils					
Saint-Saëns (C.)	Henri VIIII (partition pour piano et chant).	in-8	1	20 »	Durand et fils					
Saint-Saëns (C.)	Dix mélodies (piano et chant).	in 8	1	5 »	Choudens					
Saint-Saens (C.)	Vingt mélodies (piano et chant).	in-8	1	10 »	Durand et fils					
Schumann (R.)	Cinquante mélodies (piano et chant).	in-8	1	10 »	Durand et fils					
Schumann (R.)	Album dédié à la jeunesse.	in-8	1	7 »	Durand et fils					
Selden	La Musique en Allemagne.	in-12	1	2 50	F. Alcan	»	»	P S	S	»
Soubies	Histoire de la musique en Russie.	in-4	1	3 50	H. May	C M	»	P S	S	S
Soubies	Histoire de Musique allemande.	in-8	1	3 50	H. May	»	»	P S	S	S
Thurner	Les Reines du chant.	in-12	1	8 »	Hennuyer	»	»	P S	S	S
Tiersot	Histoire de la chanson populaire en France.	in-8	1	12 »	Plon, Nourrit et Cᵉ	»	»	P S	S	S
Verrismt	Rondes et chansons populaires.	in-8	1	10 »	Lahure	»	»	P S	S C	S C
Wagner (R.)	Tannhauser (partition pour piano et chant).	in-8	1	20 »	Durand et fils					
Wagner (R.)	Lohengrin (partition pour piano et chant).	in-8	1	20 »	Durand et fils					
Weber	Le Freischütz (partition pour piano et chant).	in-8	1	12 »	Choudens					
Weber	Obéron (partition chant et piano). . . .	in-8	1	15 »	Choudens					
Weber	Euryanthe (partition chant et piano).	in-8	1	15 »	Choudens					
Weckerlin	Chansons et rondes enfantines.	in-8	1	10 »	Garnier	»	»	»	S	S
Weckerlin	Chansons et rondes enfantines des provinces de France.	in-8	1	10 »	Garnier	»	»	»	S	S
Weckerlin	Nouvelles chansons et rondes enfantines.	in-8	1	10 »	Garnier	»	»	»	S	S

AUTEURS	TITRES DES OUVRAGES	FORMAT	NOMBRE DE VOLUMES	PRIX FORT	ÉDITEURS	DESTINATION				
						COLLÈGES municipaux	ÉCOLES professionnelles	ÉCOLES primaires suprieures	ÉCOLES de garçons	ÉCOLES de filles
Weckerlin et Monvel	Chansons de France..............	in-4	1	10 »	Plon, Nourrit et Cᵉ	»	»	»	M S	M S
Wilder (V.)	Mozart, l'homme et l'artiste........	in-12	1	3 50	E. Fasquelle	»	»	P S	»	»
Wilder (V.)	Beethoven......................	in-18	1	3 50	E. Fasquelle	»	»	P S	»	»
X...	Les Légendes de l'art (musiciens)....	in-8	1	2 »	Hatier	»	»	»	M S	M S

M. — Économie politique et Législation usuelle

AUTEURS	TITRES DES OUVRAGES	FORMAT	NOMBRE DE VOLUMES	PRIX FORT	ÉDITEURS	COLLÈGES municipaux	ÉCOLES professionnelles	ÉCOLES primaires suprieures	ÉCOLES de garçons	ÉCOLES de filles
Clamageran	La France républicaine............	in-12	1	3 50	F. Alcan	»	»	P S	S	»
Fournière	L'Idéalisme social................	in 8	1	6 »	F. Alcan	C M	»	P S	S C	»
Izoulet	La Cité moderne.................	in-8	1	10 »	F. Alcan	C M	»	P S	»	»
Michelet	Origines du droit français..........	in-12	1	3 50	Calmann-Lévy	»	»	P S	»	»
Neymarck	Vocabulaire d'économie politique....	in-18	1	5 »	A. Colin	C M	»	P S	S C	»
Quinet (E.)	La République	in-18	1	3 50	Hachette	»	»	P S	»	»
Renard	Le Régime socialiste..............	in-12	1	2 50	F. Alcan	C M	»	»	»	»
Rigolage	La Sociologie par Auguste Comte	in-8	1	7 50	F. Alcan	C M	»	P S	»	»
Treney	Les Grands Économistes des dix-huitième et dix-neuvième siècles.	in-8	1	4 »	Picard et Kaan	»	»	P S	»	»

A. — Dictionnaires scientifiques

AUTEURS	TITRES DES OUVRAGES	FORMAT	NOMBRE DE VOLUMES	PRIX FORT	ÉDITEURS	DESTINATION				
						COLLÈGES municipaux	ÉCOLES professionnelles	ÉCOLES primaires supérieures	ÉCOLES de garçons	ÉCOLES de filles
Barbat (Ch.)	Petit Dictionnaire pratique de mécanique et d'électricité.	in-8	1	8 »	Bernard et Cᵉ	»	Pᵉˡˡᵉˢ	»	»	»
Bouant	Dictionnaire manuel illustré des sciences usuelles.	in-12	1	6 »	A. Colin	»	»	»	M S	M S
Bouant	Dictionnaire manuel illustré des connaissances pratiques.	in-12	1	6 »	A. Colin	»	Pᵉˡˡᵉˢ	P S	M S	M S
Jossier	Dictionnaire des ouvriers du bâtiment.	in-8	1	3 »	Tallandier	»	Pᵉˡˡᵉˢ	P S	»	»
Laboulaye	Dictionnaire des arts et manufactures.	gr.in-8	5	120 »	Vᵉ Dunod et Vicq	»	»	»	D A	»
Lacroix	Dictionnaire industriel . . . . , . .			40 »	Lacroix	»	»	»	D A	»
Larbalétrier	Petit Dictionnaire d'agriculture	in-18	1	2 50	A. Colin	»	»	P S	»	»
Maigne	Dictionnaire des Inventions et Découvertes.	in 8	1	5 »	Larousse	»	»	P S	S	S
Pizzetta (J.)	Dictionnaire populaire illustré d'histoire naturelle.	in 4	1	25 »	Hennuyer	»	»	P S	S	S

B. — Sciences mathématiques

AUTEURS	TITRES DES OUVRAGES	FORMAT	NOMBRE DE VOLUMES	PRIX FORT	ÉDITEURS	COLLÈGES municipaux	ÉCOLES professionnelles	ÉCOLES primaires supérieures	ÉCOLES de garçons	ÉCOLES de filles
Bertrand	Les Fondateurs de l'astronomie moderne.	in-18	1	3 »	Hetzel	»	P lles	P S	»	»
Breton de Champ	Traité de nivellement............	in-8	1	6 »	Gauthier-Villars	C M	»	»	»	»
Briant et Vacquant	Arpentage et Levé de plans........	in-16	1	3 »	Hachette	C M	»	»	»	»
Briot	Leçons de mécanique........	in-8	1	5 »	Gauthier-Villars	C M	»	»	»	»
Briot et Bousquet	Théorie des fonctions elliptiqnes....	in-4	1	40 »	Gauthier-Villars	C M	»	»	»	»
Briot et Bousquet	Leçons de géométrie analytique....	in-8	1	8 75	Delagrave	C M	»	P S	»	»
Brisse	Cours de mécanique............ ...	in-8	1	3 25	Gauthier-Villars	C M	»	»	»	»
Campou (de)	Traité d'algèbre élémentaire........	in-8	1	5 »	A. Colin	C M	»	»	»	»
Catalan	Théorèmes de géométrie élémentaire.	in-8	1	10 »	Vᵉ Dunod et Vicq	C M	»	»	»	»
Catalan	Théorèmes et Problèmes de géométrie.	in-8	1	10 »	Gauthier-Villars	C M	»	»	»	»
Catalan	Mélanges mathématiques...	in-8	1	10 »	Gauthier-Villars	C M	»	P S	»	»
Chasles	Traité de sections coniques	in-8	1	9 »	Gauthier-Villars	C M	»	P S	»	»
Chasles	Traité de géométrie supérieure......	in-8	1	24 »	Gauthier-Villars	C M	»	»	»	»
Clebsch	Leçons de géométrie..............	in-8	3	42 »	Gauthier-Villars	C M	»	»	»	»
Combette	Cours de géométrie........	in-8	1	10 »	F. Alcan	C M	»	P S	»	»
Combette	Cours de mécanique..............	in-8	1	5 »	F. Alcan	C M	»	»	»	»
Combette	Cours abrégé de géométrie élémentaire.	in-8	1	4 50	F. Alcan	C M	»	P S	C	»
Dallet (G.)	Astronomie pratique..............	in-8	1	4 »	F. Didot	C M	»	P S	»	»
Daubrée	Les Régions invisibles du globe et des espaces célestes.	in-8	1	6 »	F. Alcan	»	»	P S	»	»
Delaunay	Traité de mécanique rationnelle.....	gr.in-8	1	8 »	Gauthier-Villars	C M	»	»	»	»
Desboves	Questions de géométrie élémentaire..	in-8	1	6 50	Delagrave	C M	»	»	»	»
Dessenon	Éléments de géométrie analyt que....	in-8	1	7 50	Hachette	C M	»	P S	»	»
Duhamel	Des Méthodes dans les sciences du raisonnement.	in-8	5	27 50	Gauthier-Villars	C M	»	»	»	»

AUTEURS	TITRES DES OUVRAGES	FORMAT	NOMBRE DE VOLUMES	PRIX FORT	ÉDITEURS	DESTINATION				
						COLLÈGES municipaux	ÉCOLES professionnelles	ÉCOLES primaires supérieures	ÉCOLES de garçons	ÉCOLES de filles
Duhamel	Éléments de calcul infinitésimal.....	in-8	2	15 »	Gauthier-Villars	C M	»	»	»	»
Duhamel et Raymond	Problèmes sur diverses parties des mathémathiqnes.	in-8	1	6 50	Gauthier-Villars	C M	»	»	»	»
Dulos	Cours de mécanique................	in-8	5	37 50	Gauthier-Villars	»	»	»	D A	»
Faye	Origines du monde..	in-8	1	6 »	Gauthier Villars	C M	»	»	»	»
Flammarion	Vie de Copernic..................	in-12	1	» 60	Flammarion	»	»	»	M S	M S
Flammarion	Les Merveilles célestes	in-8	1	2 60	Hachette	»	»	»	M S	M S
Frenet	Recueil d'exercices sur le calcul infinitésimal.	in-8	1	8 »	Gauthier-Villars	C M	»	»	»	»
Guillemin	Les Étoiles filantes ou les Pierres qui tombent du ciel.	in-16	1	1 25	Hachette	»	»	P S	S	S
Guillemin	Le Soleil....................	in-16	1	1 25	Hachette	»	»	P S	S	S
Guillemin	Les Météores électriques et optiques..	in-16	1	1 25	Hachette	»	»	P S	S	S
Guillemin	Les Nébuleuses...................	in-16	1	1 25	Hachette	»	»	P S	S	S
Guillemin	Les Comètes....................	in-16	1	1 25	Hachette	»	»	P S	S	»
Guillemin	La Terre et le Ciel................	in-8	1	3 »	Hachette	»	»	P S	»	»
Guillemin	Les Mondes (causeries astronomiques).	in-18	1	3 50	Calmann-Lévy	»	»	P S	S	»
Halphen	Théorie des fonctions elliptiques.....	in-8	1	15 »	Gauthier-Villars	C M	»	»	»	»
Javary	Traité de géométrie descriptive.......	in-8	2	17 »	Delagrave	C M	»	»	»	»
Javary	Traité de descriptive, cours de Saint-Cyr.	in-8	1	7 50	Delagrave	C M	»	P S	»	»
Jordan	Cours d'analyse à l'École polytechnique	in-8	3	51 »	Gauthier-Villars	C M	»	»	»	»
Jouve	Arithmétique commerciale..........	in-8	1	6 »	Vᵉ Dunod et Vicq	C M	»	. S	»	»
Kœlber	Exercices de géométrie analytique supérieure.	in-8	2	18 »	Gauthier-Villars	C M	»	»	»	»
Kœnigs	Leçons do l'agrégation classique de mathématiques.	in-8	1	10 »	Gauthier-Villars	C M	»	»	»	»
Laurent	Calcul intégral..................	in-8	1	12 »	Gauthier-Villars	C M	»	»	»	»
Laurent	Traité de mécanique rationnelle.....	in-8	1	12 »	Gauthier-Villars	C M	»	»	»	»
Laussedat	Cours de géodésie et d'astronomie...	in-8	1	8 »	Gauthier-Villars	C M	»	»	»	»
Léautey (E.)	La Science des comptes.............	in-8	1	7 50	Libr. Comptable	»	»	P S	S	S

AUTEURS	TITRES DES OUVRAGES	FORMAT	NOMBRE DE VOLUMES	PRIX FORT	ÉDITEURS	DESTINATION				
						COLLÈGES municipaux	ÉCOLES professionnelles	ÉCOLES primaires supérieures	ÉCOLES de garçons	ÉCOLES de filles
Lucas	Récréations mathématiques.........	in-8	1	7 50	Gauthier-Villars	C M	»	P S	»	»
Longchamps (de)	Algèbre, Mathématiques spéciales 1889.	in-8	1	11 25	Delagrave	C M	»	»	»	»
Longchamps (de)	Géométrie analytique à deux dimensions.	in-8	1	10 »	Delagrave	C M	»	»	»	»
Longchamps (de)	Géométrie analytique à trois dimensions.	in-8	1	7 50	Delagrave	C M	»	»	»	»
Mannheim	Cours de géométrie descriptive......	in-8	1	17 »	Gauthier-Villars	C M	»	»	»	»
Morin (général)	Notions géométriques sur les mouvements.	in-8	1	6 »	Gauthier-Villars	C M	»	»	»	»
Mouchelet	Notions générales d'astronomie populaire.	in-12	1	2 »	Quenet	»	»	»	S	S
Nansouty (de)	Science et Guerre.................	in-18	1	4 »	Bernard-Tignol	»	»	P S	S	S
Niewenglowski	Cours d'algèbre....................	in-8	2	12 »	A. Colin	C M	»	»	»	»
Niewenglowski	Cours de géométrie analytique.......	in-8	2	18 »	Gauthier-Villars	C M	»	»	»	»
Plessix (H.)	L'Astronomie de la jeunesse........	in-12	1	3 »	Plon, Nourrit et Cᵉ	»	»	P S	S	S
Poncelet	Cours de mécanique appliquée aux machines.	in-8	2	24 »	Gauthier-Villars	C M	»	»	»	»
Poncelet	Applications d'analyse et de géométrie.	in-8	2	20 »	Gauthier-Villars	C M	»	»	»	»
Poncelet	Introduction à la mécanique industrielle.	in-8	1	12 »	Gauthier-Villars	C M	»	»	»	»
Porchon	Cours de Cosmographie.............	in-8	1	5 »	F. Alcan	C M	»	»	»	»
Pruvost	Géométrie analytique..............	in-8	2	21 50	P. Dupont	C M	»	»	»	»
Rambosson	Histoire des astres................	in-8	1	6 »	F. Didot	»	»	P S	S	S
Rambosson	Histoire des météores et des grands phénomènes de la nature.	in-8	1	6 »	F. Didot	»	»	P S	S	S
Rebière	Trigonométrie.....................	in-8	1	3 50	F. Alcan	C M	»	P S	»	»
Rebière	Mathématiques et Mathématiciens....	in-8	1	5 »	Nony	C M	»	P S	»	»
Royaumont (de)	La Conquête du soleil.............	in-18	1	5 »	Flammarion	»	»	P S	»	»
Salmon	Géométrie analytique à deux et trois dimensions.	in-8	2	19 »	Gauthier-Villars	C M	»	»	»	»
Salmon	Traité de géométrique analytique (courbes planes).	in-8	1	12 »	Gauthier-Villars	C M	»	»	»	»
Secchi	Les Étoiles.......................	in-8	2	12 »	F. Alcan	C M	Pᵉˡˡᵉˢ	P S	»	»
Serret (J.-A)	Cours de calcul différentiel et intégral.	in-8	2	25 »	Gauthier-Villars	C M	»	»	»	»

AUTEURS	TITRES DES OUVRAGES	FORMAT	NOMBRE DE VOLUMES	PRIX FORT	ÉDITEURS	DESTINATION				
						COLLÈGES munici-paux	ÉCOLES profes-sion-nelles	ÉCOLES primaires supé-rieures	ÉCOLES de garçons	ÉCOLES de filles
Sturm	Cours d'analyse..................	in-8	2	15 »	Gauthier-Villars	M C	»	»	»	»
Sturm	Cours de mécanique..............	in-8	2	14 . »	Gauthier-Villars	C M	»	»	»	»
Tannery (J.)	Introduction à l'étude des fonctions d'une variable.	in-8	1	12 »	Hermann	C M	»	»	»	»
Vinot	Récréations mathématiques	in-18	1	3 »	Larousse	»	»	P S	S	»
Young	Le Soleil.....................	in-8	1	6 »	F. Alcan	»	»	P S	»	»
Zurcher et Margollé	Le Monde sidéral..................	in-18	1	3 50	Rotchschild	»	»	P S	»	»

C. — Sciences physiques

AUTEURS	TITRES DES OUVRAGES	FORMAT	NOMBRE DE VOLUMES	PRIX FORT	ÉDITEURS	DESTINATION				
						COLLÈGES municipaux	ÉCOLES professionnelles	ÉCOLES primaires supérieures	ÉCOLES de garçons	ÉCOLES de filles
Angot	Les Aurores polaires	in-8	1	6 »	F. Alcan	C M	»	P S	C	»
Banet-Rivet	L'Aéronautique	in-8	1	5 »	H. May	»	»	P S	»	»
Bary	Nouveaux problèmes de physique	in-8	1	5 »	Gauthier-Villars	C M	»	»	»	»
Berthelot	La Synthèse chimique	in-8	1	6 »	F. Alcan	C M	»	P S	»	»
Berthelot	Traité élémentaire de Chimie organique	in-8	2	25 »	Gauthier-Villars	C M	»	»	»	»
Berthelot	La Révolution chimique (Lavoisier)	in-8	1	6 »	F. Alcan	C M	»	P S	»	»
Blennard	La Babylone électrique	in-4	1	7 50	H. May	»	»	P S	S	»
Bois (J.-F.)	Expériences et manipulations (1er vol.)	in-8	1	4 »	Larousse	C M	»	P S	»	»
Bois (J.-F.)	Expériences et manipulations (2e vol.)	in-8	1	2 50	Larousse	C M	»	P S	»	»
Bourbouze	Modes opératoires de physique de Bourbouze.	in-8	1	10 »	Vᵉ Bourbouze	C M	»	P S	»	»
Boutan et d'Almeida	Cours élémentaire de physique	in-8	2	25 »	Vᵉ Dunod et Vicq	C M	»	»	»	»
Brault	Histoire de la téléphonie	in-8	1	4 »	Masson	»	plles	P S	»	»
Chevalier et Muntz	Problèmes de physique	in-8	1	6 »	Gauthier-Villars	C M	»	»	»	»
Combes	Éléments de la théorie mécanique de la chaleur.	in-8	1	6 »	Gauthier-Villars	C M	»	»	»	»
Dary	A travers l'électricité	in-4	1	10 »	Nony	»	»	P S	C	C
Debray	Cours élémentaire de chimie	in-8	2	25 »	Vᵉ Dunod et Vicq	C M	»	»	»	»
Dufet (H.)	Cours élémentaire de physique	in-8	1	8 »	F. Alcan	C M	»	P S	»	»
Dumas	Leçons sur la philosophie chimique	in-8	1	7 »	Gauthier-Villars	C M	»	»	»	»
Dument (G.)	La Vapeur et l'Électricité appliquées aux arts et à l'industrie.	in-12	1	2 50	Quenet	»	»	»	S	»
Dupré	Théorie mécanique de la chaleur	in-8	1	8 »	Gauthier-Villars	C M	»	»	»	»
Drincourt	Traité de physique	in-8	1	8 »	A. Colin	C M	»	P S	»	»
Estaunié	Les Sources d'énergie électrique	in-8	1	5 »	H. May	C M	plles	P S	»	»
Faideau	La Chimie amusante	in-8	1	3 50	Librairie illustr.	»	»	P S	»	»

AUTEURS	TITRES DES OUVRAGES	FORMAT	NOMBRE DE VOLUMES	PRIX FORT	ÉDITEURS	DESTINATION				
						COLLÈGES municipaux	ÉCOLES professionnelles	ÉCOLES primaires supérieures	ÉCOLES de garçons	ÉCOLES de filles
Faraday	Histoire d'une chandelle............	in-16	1	2 »	Hetzel	»	»	P S	S	S
Fernet	Cours de physique................	in-8	1	15 »	Masson	C M	»	»	»	»
Ferrière	La Matière et l'Énergie............	in-12	1	4 50	F. Alcan	»	»	P S	»	»
Fleeming Jenkin	L'Électricité.................	in-12	1	2 »	Baudry	»	»	P S	»	»
Fontaine (H.)	Électrolyse...................	in-8	1	7 50	Baudry	»	»	P S	»	»
Fonvielle (W. de)	Éclairs et Tonnerre..............	in-16	1	1 »	Hachette	»	»	P S	S	S
Gouzy (P.)	Promenades d'une fillette autour d'un laboratoire.	in-8	1	3 »	Hetzel	»	Piles	P S	»	»
Graffigny (de)	L'Ingénieur électricien	in-18	1	4 »	Hetzel	»	»	P S	»	»
Grimaux.	Lavoisier...................	in-8	1	15 »	F. Alcan	C M	Piles	P S	C	C
Guigne	Les Aérostats	in-8	1	» 95	H. Martin	»	»	P S	C	C
Guillemin	La Neige, la Glace et les Glaciers.....	in-12	1	1 25	Hachette	»	»	»	S	S
Guillemin	Le Beau et le Mauvais Temps........	in-12	1	1 25	Hachette	»	»	P S	S	»
Hauck	Les Piles électriques..............	in-16	1	5 »	Tignol	»	Piles	»	»	»
Hennebert (Cᵉˡ)	Les Torpilles..................	in-12	1	1 »	Hachette	»	»	P S	»	»
Hirn	Mémoires sur la thermodynamique...	in-8	1	5 »	Gauthier-Villars	C M	»	»	»	»
Hirn	Théorie mécanique de la chaleur.....	in-8	2	24 »	Gauthier-Villars	C M	»	»	»	»
Hœffer	Histoire de la physique............	in-12	1	4 »	Hachette	»	»	»	D A	»
Houdin (Robert)	Magie et Physique amusantes	in-12	1	3 50	Calmann-Lévy	»	»	P S	M S	M S
Jacquier	Problèmes de physique, de mécanique, de chimie.	in-8	1	6 »	Gauthier-Villars	C M	»	»	»
Jamin	Cours de physique................	in-8	5	72 »	Gauthier-Villars	C M	»	»	»	»
Joubert	Traité élémentaire d'électricité	in-8	1	8 »	Masson	C M	Piles	P S	»	»
Lefebvre	Gouttes de pluie et Flocons de neige.	in-8	1	3 »	Hachette	»	Piles	P S	»	»
Marzy	L'Hydraulique..................	in-16	1	1 »	Hachette	»	»	P S	»	»
Mathieu	Théorie du potentiel..............	in-4	2	24 »	Gauthier-Villars	C M	»	»	»	»
Michaut (A.)	L'Électricité..................	in-12	1	6 »	G. Carré	»	»	P S	S	»

AUTEURS	TITRES DES OUVRAGES	FORMAT	NOMBRE DE VOLUMES	PRIX FORT	ÉDITEURS	DESTINATION				
						COLLÉGES municipaux	ÉCOLES professionnelles	ÉCOLES primaires supérieur·s	ÉCOLES de garçons	ÉCOLES de filles
Montillot (C. et L.)	La Maison électrique...............	in-8	1	20 »	Grelot	C M	Plles	P S	S	S
Moutier	La Thermodynamique et ses applications.	in-8	1	12 »	Gauthier-Villars	C M	»	»	»	»
Niewenglowski	La photographie et la photochimie...	in-8	1	6 »	F. Alcan	C M	»	P S	»	»
Niewenglowski et Ernault	Les Couleurs et la Photographie.....	in-8	1	6 »	Soc. d'éditions scientifiques	C M	«	P S	»	»
Plateau	Statique expérimentale et Equilibre des liquides.	in 8	2	15 »	Gauthier-Villars	C M	»	»	»	»
Poiré (P.)	Physique.........................	in-8	1	8 »	Delagrave	C M	»	»	»	»
Radau	Le Magnétisme....................	in-16	1	1 »	Hachette	»	»	P S	»	»
Radau	L'Acoustique.....................	in-16	1	1 »	Hachette	»	`	P S	»	»
Reich	Théorie générale des effets dynamiques de la chaleur.	in-4	1	6 »	Gauthier-Villars	C M	»	»	»	»
Rivière	Traité de manipulations de chimie...	in-18	2	5 »	Nony	C M	»	»	»	»
Sarazin	Cours d'Électricité théorique et pratique.	in-8	1	10 »	Bernard	C M	Plles	P S	»	»
Schutzenberger	Les Fermentations.................	in-8	1	6 »	F. Alcan	C M	»	P S	»	»
Tainturier	Manuel d'électricité industrielle......	in-12	1		Fritsch	C M	Plles	P S	»	»
Thurston	Histoire de la machine à vapeur......	in-8	2	12 »	F. Alcan	C M	Plles	»	»	»
Thompson (J.)	L'Electro-aimant..................	in-12	1		Fritsch	C M	Plles	P S	»	»
Tissandier (G.)	La Physique sans appareils et la Chimie sans laboratoire.	in-8	1	3 »	Masson	»	»	»	S	S
Tyndall	La Chaleur mode du mouvement.....	in-8	1	8 »	Gauthier-Villars	C M	»	P S	»	»
Tyndall	Les Glaciers et les Transformations de l'eau.	in-8	1	6 »	F. Alcan	C M	»	P S	»	»
Vaulabelle (de)	Physique du Globe et Météorologie populaire.	in-8	1	6 »	Chamerot	»	»	P S	S	S
Wurtz	La Théorie atomique..............	in-8	1	6 »	F. Alcan	C M	»	P S	»	»
X...	Mémoires relatifs à la physique......	in-8	1		Gauthier-Villars	C M	»	»	»	»

AUTEURS	TITRES DES OUVRAGES	FORMAT	NOMBRE DE VOLUMES	PRIX FORT	ÉDITEURS	COLLÈGES municipaux	ÉCOLES professionnelles	ÉCOLES primaires supérieures	ÉCOLES de garçons	ÉCOLES de filles
	D — Sciences naturelles									
Aubert	Cours d'anatomie et de physiologie animales et végétales	in-8	1		André	C M	»	»	»	»
Badoureau et Granger	Les Mines, les Minières et les Carrières.	in-8	1	5 »	H. May	»	»	P S	»	»
Barbou	Le Chien	in-8	1	5 50	Ancienne libr. Furne	»	»	»	S	S
Beauregard	Nos Bêtes	in-4	2	20 » l'un	A. Colin	»	»	P S	S	S
Belzung	Anatomie et physiologie animales	in-8	1	6 »	F. Alcan	C M	»	»	»	»
Belzung	Cours élémentaire de géologie	in-12	1	2 50	F. Alcan	C M	»	P S	C	»
Beneden (van)	Les Commensaux et les Parasites	in-8	1	6 »	F. Alcan	»	»	P S	»	»
Bernstein	Les Sens	in-8	1	6 »	F. Alcan	C M	»	P S	»	»
Besson	Leçons d'anatomie et de physiologie animales.	in-8	1	6 50	Delagrave	C M	»	P S	»	»
Besson	Leçons d'anatomie et de physiologie végétales.	in-8	1	4 50	Delagrave	C M	»	P S	»	»
Biart (Lucien)	L'Homme et son Berceau (ill.)	in-8	1	5 »	Hennuyer	»	»	P S	S	»
Bonnier (G.)	Nouvelle Flore	in-12	1	4 50	P. Dupont	C M	»	P S	»	»
Bonnier (G.)	Flore complète de la France	in-12	1	9 »	P. Dupont	C M	»	P S	»	»
Boscowitz (A.)	Les Tremblements de terre	in-8	1	7 »	Ducrocq	»	»	P S	»	»
Boscowitz (A.)	Les Volcans	in-8	1	7 »	Ducrocq	»	»	P S	S	S
Boulart	Les Animaux utiles	in-18	1	3 50	Rothschild	»	»	P S	S	S
Bourdeau (L.)	Conquête du monde animal	in-8	1	5 »	F. Alcan	C M	»	P S	C	»
Bourdeau (L.)	Conquête du monde végétal	in-8	1	5 »	F. Alcan	C M	»	P S	C	»
Bouron (H.)	Histoire d'un bloc de houille	in-8	1	» 70	Lecène	»	»	P S	»	»
Brehm	L'Homme et les Animaux	in-4	7	11 » l'un	J.-B. Baillière	»	»	P S	»	»
Brongniart (Ch.)	Histoire naturelle populaire	in-8	1	12 »	Flammarion	»	»	P	C	C
Büchner	L'Homme selon la science	in-8	1	7 »	Reinwald	»	»	P S	»	»
Burat (A.)	Voyages sur les côtes de France (géologie).	in-8	1	12 »	Baudry et Cᵉ	»	»	P S	»	»

AUTEURS	TITRES DES OUVRAGES	FORMAT	NOMBRE DE VOLUMES	PRIX FORT	ÉDITEURS	DESTINATION				
						COLLÈGES municipaux	ÉCOLES professionnelles	ÉCOLES primaires supérieures	ÉCOLES de garçons	ÉCOLES de filles
Candolle (de)	Origine des plantes cultivées	in-8	1	6 »	F. Alcan	»	»	P S	S	S
Cartailhac	La France préhistorique	in-8	1	6 »	F. Alcan	»	»	P S	»	»
Caustier	L'Homme et les Animaux	in-12	1	2 25	Nony	C M	»	P S	C	C
Chemin et Verdier	La Houille et ses Dérivés,	in-8	1	5 »	H. May	»	»	P S	»	»
Cherville (de)	Les Oiseaux chanteurs	in-8	1	3 »	F. Didot	»	»	»	S	S
Cherville (de)	Les Contes de ma campagne	in-8	1	6 »	F. Didot	»	»	»	M S	M S
Cherville (de)	L'Histoire naturelle en action	in-12	1	6 »	F. Didot	»	»	P S	S	S
Cherville (de)	Le Monde des champs	in 4	1	5 »	F. Didot	»	»	»	M S	M S
Cherville (de)	Les Eléphants	in-8	1	3 »	F. Didot	»	»	»	M S	M S
Cherville (de)	Bêtes et gens	in-12	1	1 25	F. Didot	»	»	»	M S	M S
Cosseret	Le Livre des fleurs	in-4	1	12 »	Tallandier	»	plles	P S	C	C
Costantin	Les végétaux et les milieux cosmiques	in-8	1	6 »	F. Alcan	C M	»	P S	»	»
Costantin	La Nature tropicale	in-8	1	6 »	F. Alcan	C M	»	P S	»	»
Coupin	La Vie dans la Nature	in-8	1	12 »	F. Didot	C M	»	P S	S C	S C
Couteaux (A.)	Chez les bêtes	in-8	1	4 »	Dreyfous	»	»	»	S	»
Darwin	Voyage d'un naturaliste	in-8	1	10 »	Reinwald	»	»	P S	S	S
Darwin	L'Origine des espèces	in-8	1	8 »	Reinwald	»	»	P S	»	»
Darwin	Faculté motrice des plantes	in-8	1	10 »	Reinwald	C M	»	»	»	»
Darwin	Plantes insectivores	in-8	1	10 »	Reinwald	C M	»	»	»	»
Debière.	Atlas d'ostéologie	album	1	12 »	F. Alcan	C M	plles	»	»	»
Delon	Les Peuples de la terre	in-8	1	4 50	Hachette	»	»	»	S	S
Desbeaux	Le Jardin de Jeanne	in-12	1	2 »	Ducrocq	»	»	»	M S	M S
Deschamps	La Vie mystérieuse des mers	in-18	1	1 »	Reinwald	C M	»	P S	»	»
Divers	Intelligence des animaux	in-8	1	1 60	L. Chaux	»	»	»	M S	M S
Dubarry (A.)	La Mer	in-12	1	2 15	Ancienne libr. Furne	»	»	»	M S	M S

| AUTEURS | TITRES DES OUVRAGES | FORMAT | NOMBRE DE VOLUMES | PRIX FORT | ÉDITEURS | DESTINATION | | | | |
						COLLÈGES munici-paux	ÉCOLES profes-sion-nelles	ÉCOLES primaires supé-rieures	ÉCOLES de garçons	ÉCOLES de filles
Dujarric	Chasses marines.................	in-8	1	1 »	F. Didot	»	»	P S	M S C	M S C
Dumonteil	Le Monde des fauves...............	in-8	1	» 50	F. Didot	»	»	»	E M	E M
Duval-Cuyer	Histoire de l'anatomie plastique.....	in-8	1	3 50	H. May	»	»	»	A	»
Ernault et Jau-bert	La Conquête de la mer............	in-8	1	5 »	Delarue	C M	»	P S	S C	S C
Fabre (J.-H.)	La Plante........................	in-8	1	2 25	Delagrave	»	»	P S	E M S	E M S
Faideau	La Botanique amusante.............	in-8	1	3 50	Librairie illus-trée	C M	»	P S	C	C
Falsan	La Période glaciaire...............	in-8	1	6 »	F. Alcan	»	»	P S	»	»
Fraipont	Le Monde végétal. Fleurs, plantes, fruits.	in-8	1	12 »	Flammarion	»	Pᵘˢ	P S	C	C
Fuchs	Les Volcans et les Tremblements de terre.	in-8	1	6 »	F. Alcan	»	»	P S	»	»
Garban	L'Eau...........................	in-8	1	2 »	Lecène et Oudin	»	»	P S	»	»
Grimard (E.)	La Goutte de sève (ill.)..............	in-18	1	3 »	Hetzel	»	»	»	M S	M S
Grimard (E.)	La Plante (ill.)	in-8	1	4 20	Hetzel	»	»	P S	S	S
Grimard (E.)	Le Jardin d'acclimatation (ill.).......	in-18	1	3 »	Hetzel	»	»	»	S	S
Grimard (E.)	Le Jardin d'acclimatation (ill.)........	in-8	1	4 20	Hetzel	»	»	»	S	S
Hæckel	Histoire de la création naturelle......	in-8	1	12 50	Reinwald	»	»	P S	S	»
Hément (Félix)	L'Origine des êtres vivants..........	in-8	1	2 40	Picard et Kaan	»	»	P S	»	»
Huxley	La Physiographie.................	in-8	1	8 »	F. Alcan	»	»	P S	S	»
Jaccard	Le Pétrole, l'Asphalte et le Bitume....	in-8	1	6 »	F. Alcan	C M	»	P S	»	»
Joly	L'Homme avant les métaux	in-8	1	6 »	F. Alcan	»	»	P S	»	»
Knab	Les Minéraux utiles................	in-8	1	5 »	J.-B. Baillière	»	»	P S	C	C
Lubasse (Ed.) et Pierret (H.)	Promenades en forêt...............	in-4	1	5 »	Ducrocq	»	»	P S	M S	M S
La Blanchère (de)	Les Animaux racontés par eux-mêmes.	in-8	1	2 90	Delagrave	»	»	P S	M S	M S
Lacroix (D.)	Une Poignée d'amis................	in-8	1	1 25	Tallandier	»	»	»	E	E
Lacroix-Dau-liard	Au Bois.........................	in-8	1	12 »	Dentu	»	»	P S	M S	M S
Lambert	Traité pratique de botanique........	in-8	1	3 »	F. Didot	»	»	P S	»	»

AUTEURS	TITRES DES OUVRAGES	FORMAT	NOMBRE DE VOLUMES	PRIX FORT	ÉDITEURS	DESTINATION				
						COLLÈGES municipaux	ÉCOLES professionnelles	ÉCOLES primaires supérieures	ÉCOLES de garçons	ÉCOLES de filles
Lanessan (de)	Introduction à la botanique (Le Sapin).	in-8	1	6 »	F. Alcan	»	»	P S	M S	M S
Lanessan (de)	La Botanique	in-12	1	5 »	Reinwald	C M	»	»	»	»
Lebasteur	Buffon	in-8	1	1 50	Lecène.	»	»	P S	»	»
Lebon (G.)	Les Premières Civilisations	in-8	1	12 »	Flammarion	»	»	P S	»	»
Leclerc du Sablon	Lectures scientifiques (sciences naturelles).	in-12	1	5 »	Hachette	C M	»	P S	»	»
Leclerc du Sablon	Nos Fleurs, plantes utiles et nuisibles.	in-8	1	12 50	A. Colin	»	»	»	S	S
Le Faure et Graffigny	Aventures extraordinaires d'un savant russe.	in-8	1	4 »	Fayard	C M	»	P S	»	»
Lefebvre	Pierres et Terrains	in-18	1	1 50	F. Alcan	»	»	P S	S	S
Lefèvre	Les Races et les Langues	in-8	1	6 »	F. Alcan	C M	»	P S	»	»
Leroy	Chez les Oiseaux	in-8	1	6 »	F. Didot	»	»	»	M S	M S
Leyritz	Les Vilaines Bêtes	in-8	1	3 50	Juven	»	»	P S	S	»
Linden (A.)	Comment les bêtes travaillent	in-12	1	2 90	Delagrave	»	»	»	S	S
Lubbock (J.)	Les Origines de la civilisation	in-8	1	15 »	F. Alcan	»	»	P S	»	»
Lubbock (J.)	L'Homme préhistorique	in-8	2	12 »	F. Alcan	»	»	P S	»	»
Lubbock (J.)	Fourmis, Abeilles et Guêpes	in-8	2	12 »	F. Alcan	»	»	P S	»	»
Lubbock (J.)	Les Sens et l'Instinct chez les animaux.	in-8	1	6 »	F. Alcan	»	»	P S	»	»
Luys	Le Cerveau	in-8	1	6 »	F. Alcan	C M	»	»	»	»
Macé (J.)	Histoire d'une bouchée de pain (ill.)	In-8	1	7 »	Hetzel	»	»	P S	M S	M S
Macé (J.)	Histoire d'une bouchée de pain (ill.)	in-18	1	3 »	Hetzel	»	»	P S	M S	M S
Macé (J.)	Les Serviteurs de l'estomac (ill.)	in-18	1	3 »	Hetzel	»	»	P S	»	»
Macé (J.)	Les Serviteurs de l'estomac (ill.)	in-8	1	4 50	Hetzel	»	»	P S	M S	M S
Mainard (Louis)	Histoire de quadrupèdes	in-8	1	1 90	H. Martin	»	»	P S	M	M
Marey	La Machine animale	in-8	1	6 »	F. Alcan	»	»	P S	»	»
Marey	Le Mouvement	in-8	1	6 »	Masson	C M	»	»	»	»
Méry	La Comédie des animaux	in-8	1	3 90	Delagrave	»	»	P S	S	S

AUTEURS	TITRES DES OUVRAGES	FORMAT	NOMBRE DE VOLUMES	PRIX FORT	ÉDITEURS	DESTINATION				
						COLLÈGES municipaux	ÉCOLES professionnelles	ÉCOLES primaires supérieures	ÉCOLES de garçons	ÉCOLES de filles
Meunier (V.)	Les Singes domestiques	in-8	1	6 »	Dreyfous	»	»	P S	»	»
Meunier (V.)	Scènes de la vie des animaux	in-8	1	2 40	Picard et Kaan	»	»	»	M S	M S
Meunier	Nos Terrains	in-4	1	20 »	A. Colin	C M	»	P S	S C	S C
Meunier (St.)	La Géologie comparée	in-8	1	6 »	F. Alcan	C M	»	P S	»	»
Meunier (St.)	La Géologie expérimentale	in-8	1	6 »	F. Alcan	»	»	P S	S C	S C
Meunier (Mᵐᵉ S.)	Misère et Grandeur de l'humanité primitive.	in-8	1	3 20	Picard et Kaan	»	»	P S	S	S
Minet (M.)	L'Aluminium	in-16	1	4 50	Tignol	C M	»	»	»	S
Monthiers	La Goutte d'eau dans la nature	in-8	1	3 20	Picard et Kaan	»	»	P S	S	S
Montille (de)	Notions de zoologie	in-12	1	2 50	F. Alcan	»	»	»	M S	M S
Perrier (E.)	Anatomie et Physiologie animales	in-8	1	8 »	Hachette	C M	»	»	»	»
Perrier (E.)	La Philosophie zoologique avant Darwin.	in-8	1	6 »	F. Alcan	»	»	P S	»	»
Pelligrew	La Locomotion chez les animaux	in-8	1	6 »	F. Alcan	C M	»	»	»	»
Pizzetta (J.)	Plantes et Bêtes, causeries familières sur l'histoire naturelle (ill.) av. pl.	gr.in-8	1	12 »	Hennuyer	»	»	P S	S	S
Pizzetta (J.)	Plantes et Bêtes, au bord de la mer (ill.)	in-8	1	2 »	Hennuyer	»	»	»	M S	M S
Pizzetta (J.)	Plantes et Bêtes, à travers bois (ill.)	in-8	1	2 »	Hennuyer	»	»	»	M S	M S
Pizzetta (J.)	Plantes et Bêtes, une volière naturelle (ill.)	in-8	1	2 »	Hennuyer	»	»	»	M S	M S
Pizzetta (J.)	Plantes et Bêtes, à travers champs (ill.)	in-8	1	2 »	Hennuyer	»	»	»	M S	M S
Pizzetta (J.)	Le Feu et l'Eau	in-18	1	3 50	Hennuyer	»	»	»	M S	M S
Pizzetta (J.)	Galerie des naturalistes (ill.)	in-8	1	7 50	Hennuyer	C M	»	P S	»	»
Planchut	Les Races jaunes (des Célestes)	in-12	1	1 »	Schleicher	»	»	P S	S C	S C
Rambosson	Les Pierres précieuses et les Principaux ornements.	in-8	1	6 »	F. Didot	»	»	P S	»	»
Rawlon (O. de)	Le Combat pour la vie	in-16	1	2 15	Ancienne libr. Furne	»	»	P S	»	»
Reclus (E.)	Histoire d'une montagne (ill.)	in-8	1	4 50	Hetzel	»	»	P S	S	S
Reclus (E.)	Histoire d'une montagne (ill.)	in-18	1	3 »	Hetzel	»	»	P S	S	S
Reclus (E.)	Les Phénomènes terrestres	in-16	1	1 25	Hachette	»	»	P S	M S	M S

AUTEURS	TITRES DES OUVRAGES	FORMAT	NOMBRE DE VOLUMES	PRIX FORT	ÉDITEURS	DESTINATION				
						COLLÈGES municipaux	ÉCOLES professionnelles	ÉCOLES primaires supérieures	ÉCOLES de garçons	ÉCOLES de filles
Renard	Le Fond de la mer (ill.)	in-18	1	3 »	Hetzel	»	»	P S	M S	M S
Rey (A.)	Travailleurs et Malfaiteurs microscopiques (ill.)	in-18	1	4 »	Hetzel	»	»	P S	»	»
Romanes	L'Intelligence des animaux	in-8	2	12 »	F. Alcan	»	»	P S	»	»
Saporta et Marion	L'Évolution du règne végétal (cryptogames.)	in-8	1	6 »	F. Alcan	»	»	P S	»	»
Sauvage (Dr.)	La Grande Pêche, les poissons	in-16	1	2 15	Ancienne libr. Furne	»	»	P S	M S	M S
Schmidt	Descendance et Darwinisme	in-8	1	6 »	F. Alcan	C M	»	»	»	»
Schœdler	Le Livre de la nature	in-8	2	12 »	Reinwald	C M	»	»	»	»
Smiles (S.)	Vie d'un naturaliste	in-18	1	4 »	Plon, Nourrit et Cᵉ	»	»	»	M S	M S
Sully	Les Illusions des sens et de l'esprit ...	in-8	1	6 »	F. Alcan	»	»	P S	»	»
Theuriet (A.)	Nos Oiseaux	in-8	1	7 50	Tallandier	»	»	»	M S	M S
Trouessart	Microbes, ferments et moisissures	in-8	1	6 »	F. Alcan	C M	»	P S	C	C
Valette (R.)	La Chasse à courre	in-4	1	6 »	Deyrolle		Prix de dessin.			
Varigny (H. de)	Curiosités de l'histoire naturelle	in-18	1	3 50	A. Colin	»	»	P S	S	S
Vogt (Carl)	Leçons sur les animaux utiles et nuisibles.	in-8	1	2 »	Reinwald	»	»	P S	S	S
With (E.)	Les Métaux, Mines, Mineurs	in-8	1	5 50	Ancienne libr. Furne	»	»	P S	S	»
Wood et H. Lucas	Nids, Tanières et Terriers	in-8	1	5 50	Ancienne libr. Furne	»	»	P S	S	»

AUTEURS	TITRES DES OUVRAGES	FORMAT	NOMBRE DE VOLUMES	PRIX FORT	ÉDITEURS	DESTINATION				
						COLLÉGES municipaux	ÉCOLES professionnelles	ÉCOLES primaires supérieures	ÉCOLES de garçons	ÉCOLES de filles

AUTEURS	TITRES DES OUVRAGES	FORMAT	NOMBRE DE VOLUMES	PRIX FORT	ÉDITEURS	DESTINATION				
						COLLÈGES municipaux	ÉCOLES professionnelles	ÉCOLES primaires supérieures	ÉCOLES de garçons	ÉCOLES de filles
		E. — Sciences médicales et Hygiène								
Baudrillard	Histoire d'une bouteille	in-12	1	1 25	Delagrave	»	»	»	M S	»
Beaugrand	Les Promenades du docteur Bob	in-8	1	2 90	Delagrave	»	»	P S	S	S
Beauregard	Nos Parasites	in-8	1	2 »	Delagrave	»	»	P S	M S	»
Bourdeau	Histoire de l'alimentation	in-8	1	5 »	F. Alcan	»	»	P S	C	C
Boutet	Pasteur et ses élèves	in-18	1	3 50	Garnier	»	»	P S	C	C
Coutance	Venins et poissons	in-8	1	10 »	Rothschild	»	»	P S	»	»
Daryl (Ph.)	La Renaissance physique	in-18	1	3 »	Hetzel	»	»	P S	S	S
De Moor	L'Évolution régressive	in-8	1	6 »	F. Alcan	C M	»	P S	»	»
Galopin (A.)	Excursions du Petit Poucet dans le corps humain.	in-18	1	3 50	Dentu	»	»	P S	S	S
Galtier-Boissière	Notions élémentaires d'hygiène pratique.	in-12	1	3 50	A. Colin	»	Pᵖˡˡᵉˢ	P S	S C	S C
Gsell (P.)	La Science en histoire	in-8	1	» 90	H. May	»	»	»	E	E
Lagrange	Hygiène de l'exercice chez les enfants et chez les adolescents.	in-12	1	4 »	F. Alcan	»	»	P S	S	S
Monin	L'Hygiène du travail	in-18	1	4 »	Hetzel	»	»	P S	»	»
Mosso	L'Éducation physique de la jeunesse.	in-12	1	4 »	F. Alcan	»	»	P S	S C	»
Rawton (O. de)	Les Plantes qui guérissent et les Plantes qui tuent.	in-12	1	4 »	F. Alcan	»	»	P S	M S	M S

AUTEURS	TITRES DES OUVRAGES	FORMAT	NOMBRE DE VOLUMES	PRIX FORT	ÉDITEURS	DESTINATION				
						COLLÈGES municipaux	ÉCOLES professionnelles	ÉCOLES primaires supérieures	ÉCOLES de garçons	ÉCOLES de filles

F. — Industrie et Commerce

AUTEURS	TITRES DES OUVRAGES	FORMAT	NOMBRE DE VOLUMES	PRIX FORT	ÉDITEURS	Collèges municipaux	Écoles professionnelles	Écoles primaires supérieures	Écoles de garçons	Écoles de filles
Armengaud	Vignole des mécaniciens	in-8	1	25 »	Bernard	»	Plles	»	»	»
Armengaud	Cours élémentaire de dessin industriel.	in-8	1	7 50	Bernard	»	Plles	»	»	»
Armengaud	La Mécanique pratique	in-8	1	5 »	Baudry et Cᵉ	»	Plles	»	»	»
Armengaud	Album des machines (40 planches)...	in-fol.	1	20 »	Bernard et Cᵉ	»	Plles	»	D A	»
Aucanus	Bois et métaux	in-8	1	8 »	Dunod	»	Plles	»	D A	»
Aucanus	Menuiserie, Serrurerie, Plomberie et Vitrerie.	in-8	1	10 »	Dunod	»	Plles	»	D A	»
Barberot	Traité de serrurerie (texte et gravure).	in-8	1	25 »	Baudry et Cᵉ	»	Plles	»	»	»
Barré	Petite Encyclopédie pratique du bâtiment.	in-12	1	1 50	Bernard	»	Plles	»	Travail manuel.	»
Benoit (F.)	Traité des chaudières à vapeur	in-8	1	5 »	Bernard et Cᵉ	»	Plles	»	Travail manuel.	»
Bertrand	Guide des imprimeurs (protes)	in-8	1	10 »	Moris	»	Plles	»	»	»
Bleunard (A.)	Histoire générale de l'industrie	in-8	3	22 50	Laurens	»	Plles	P S	S C	S C
Bloch	Le Commerce	in-16	1	1 50	Hetzel	»	»	P S	S	»
Bloch	L'Industrie	in-16	1	1 50	Hetzel	»	»	P S	S	»
Bouchot	Histoire anecdotique des métiers	in-8	1	1 15	Lecène	»	Plles	P S	S	S
Bouchot	L'Œuvre de Gutenberg	in-8	1	1 40	Lecène	»	Plles	P S	S	S
Boulvin	Électricité pratique	in-18	1	7 50	Bernard et Cᵉ	»	Plles	»	»	»
Bourdeau (L.)	Les Forces de l'industrie	in-8	1	5 »	F. Alcan	»	Plles	P S	S	S
Cadiat	Manuel de l'électricien	in-8	1	7 50	Baudry et Cᵉ	»	Plles	»	D A	»
Cadiat et Dubost	Électricité industrielle...	g. in-8	1	16 50	Baudry et Cᵉ	»	Plles	»	»	»
Chaix	Traité de coupe de pierres	g. in-8	1	17 50	Fanchon et Artus	»	»	»	D A	»
Claretie (L.)	Les Jouets	in-4	1	7 50	H. May	»	»	»	M S	M S
Claudel	Aide-Mémoire des ingénieurs (partie théorique).	in-8	1	19 »	Vᵉ Dunod et Vicq	»	Plles	»	»	»
Claudel	Aide-Mémoire des ingénieurs (partie pratique).	in-8	2	30 »	Vᵉ Dunod et Vicq	»	Plles	»	»	»

AUTEURS	TITRES DES OUVRAGES	FORMAT	NOMBRE DE VOLUMES	PRIX FORT	ÉDITEURS	DESTINATION				
						COLLÈGES municipaux	ÉCOLES professionnelles	ÉCOLES primaires supérieures	ÉCOLES de garçons	ÉCOLES de filles
Contamin, Barré et Labro	L'Architecture et les Constructions métalliques.	g. in-8	1	25 »	Bernard et Ce	»	»	»	D A	»
Coq (P.)	Cours d'économie industrielle........	in-18	1	4 »	Guillaumin	»	»	P S	»	»
Coulon	Menuiserie descriptive et atlas de 84 planches.	in-4	1	20 »	Ve Dunod et Vicq	»	Plles	»	»	»
Danel	Les Presses mécaniques d'imprimerie anglaise et américaine.	in-8	1	5 »	Danel (Lille)	»	Plles	»	»	»
Daupeley - Gouverneur	Compositeur et Correcteur d'imprimerie.	in-12	1	3 50	Rouvier et Logeot	»	Plles	»	»	»
Deherrypou	La Boutique de la marchande de poisson	in-16	1	1 25	Hachette	»	Plles	P S	»	»
Delaisé	Manuel du charpentier en fer........	g. in-8	1	6 »	Michelet	»	»	»	»	»
Delon	Histoire d'un livre.................	in-8	1	1 10	Hachette	»	Plles	P S	S	S
Demoulin	Les Machines à vapeur à triple et quadruple expansion.	g. in-8	1	5 »	Baudry et Ce	»	»	»	»	»
Demoulin (Mme)	Les Jouets d'enfants.................	in-8	1	1 10	Hachette	»	»	»	M S	M S
Demoulin (Mme)	La pluie et le Beau Temps..........	in-8	1	1 10	Hachette	»	Plles	»	M S	M S
Desforges	Cours pratique d'enseignement manuel.	in-fol.	1	5 »	Gauthier-Villars	»	Plles	»	D A	»
Didot	Histoire de la typographie..........	in-12	1	2 50	F. Didot	»	Plles	»	»	»
Dinée	Traité des engrenages......	in-18	1	2 »	Hetzel	»	»	»	»	»
Divers	Considérations générales sur le filetage.	in-8	1	2 »	Bernard	»	Plles	»	Travail manuel	»
Dubois (E.)	Les Produits naturels commerçables.	in-8	1	5 »	O. Doin	»	»	P S	»	»
Dumont (G.)	Traité pratique d'électricité appliquée à l'exploitation des chemins de fer.	in-8	1	7 50	Bernard et Ce	»	»	P S	»	»
Dumont (G.)	Les Grands Travaux du siècle........	in-8	1	8 »	Hachette	»	»	P S	»	»
Fay	Guide du traceur mécanicien........	in-8	1	7 50	Bernard	»	Plles	»	Travail manuel	»
Ernouf	Les Inventeurs du Gaz et de la Photographie.	in-16	1	1 25	Hachette	»	»	P S	S	»
Fernique	Album d'Éléments........	in-fol.	1	10 »	Gauthier-Villars	»	»	»	D A	»
Fournier	Les Sonneries électriques......... ..	in-16	1	2 50	Tignol	»	Plles	»	»	»
Fay (Ph.)	Guide du traceur mécanicien.........	in-8	1	7 50	Baudry et Ce	»	Plles	»	A	»
Garban	La Porcelaine	in-8	1	2 »	Lecène	»	Plles	»	»	»
Gateuil	La Menuiserie pratique (14e année) . .	in-4	1	15 »	Baudry et Ce	»	Plles	»	»	»

AUTEURS	TITRES DES OUVRAGES	FORMAT	NOMBRE DE VOLUMES	PRIX FORT	ÉDITEURS	COLLÈGES munici-paux	ÉCOLES profes-sion-nelles	ÉCOLES primaires supé-rieures	ÉCOLES de garçons	ÉCOLES de filles
Gateuil	La Serrurerie pratique (15e année)....	in-4	1	15 »	Baudry et Ce	»	Plles	»	»	»
Gossin (H.)	Les Chemins de fer	in-8	1	8 »	Picard et Kaan	»	»	P S	»	»
Graffigny (de)	Le Liège et ses Applications	in-12	1	2 15	Ancienne libr. Furne	»	»	P S	S	S
Graffigny (de)	Les Industries d'amateurs	in-8	1	4 »	J.-B. Baillière	»	»	P S	S	»
Graffigny (de)	Les Moteurs légers	in-8	1	10 »	Bernard	C M	Plles	P S	»	»
Grandmaison	Les Métamorphoses de la betterave...	in-8	1	1 45	H. Martin	»	»	P S	C	»
Guettier (A.)	Le Fondeur en métaux	in-8	1	12 »	Bernard et Ce	»	Plles	»	D A	»
Guettier (A.)	Le Menuisier modeleur-mécanicien....	in-8	1	10 »	Bernard et Ce	»	Plles	P S	D A	»
Guettier (A.)	Le Constructeur mécanicien (texte et atlas).	in-8	1	12 »	Bernard et Ce	»	Plles	»	D A	»
Guettier (A.)	Le Forgeron mécanicien (texte et atlas).	in-8	1	10 »	Bernard et Ce	»	Plles	»	D A	»
Goujet	Manuel du chauffeur	in-8	1	3 50	Baudry et Ce	»	Plles	»	»	»
Gouvy fils	Machines à vapeur	in-8	1	4 »	Baudry et Ce	»	Plles	»	»	»
Guillemin	Les Machines à vapeur et à gaz	in-12	1	1 25	Hachette	»	»	P S	»	»
Hauser	Ouvriers du temps passé	in-8	1	6 »	F. Alcan	»	Plles	P S	C	»
Havard	L'Horlogerie	in-8	1	2 50	Delagrave	»	Plles	P S	»	»
Havard	La Serrurerie	in-8	1	2 50	Delagrave	»	Plles	P S	»	»
Héraud	Les Secrets de la science et de l'in-dustrie.	in-8	1	4 »	J.-B. Baillière	»	»	P S	S	S
Hervier (B.)	Les Appareils à vapeur	in-18	1	5 »	Bernard et Ce	»	»	P S	»	»
Hue (F.)	Le Pétrole	in-12	1	3 50	Lecène	»	»	P S	»	»
Jaunez	Manuel du Chauffeur	in-18	1	2 »	Hetzel	»	Plles	»	»	»
Japing	L'Electrolyse	in-16	1	4 »	Tignol	»	Plles	»	»	»
Jonveaux	Histoire de quatre ouvriers anglais...	in-16	1	1 25	Hachette	»	»	P S	M S	»
Joseph (Ch.)	Le Serrurier	in-4	1	45 »	Justin Storck	»	»	P S	»	»
Laharpe	Notes et formules	in-8	1	12 »	Bernard et Ce	»	»	»	D A	»
Lamy (E.-O.)	Voyages pittoresques et techniques à travers la France industrielle.	in-8	1	3 »	Hatier	»	Plles	P S	»	»

AUTEURS	TITRES DES OUVRAGES	FORMAT	NOMBRE DE VOLUMES	PRIX FORT	ÉDITEURS	DESTINATION				
						COLLÈGES municipaux	ÉCOLES professionnelles	ÉCOLES primaires supérieures	ÉCOLES de garçons	ÉCOLES de filles
Le Bris	Constructions métalliques............	in-8	1	5 »	H. May	»	Plles	»	D A	»
Ledieu	Les Machines à feu..................	g. in-8	1	20 »	Vᵉ Dunod et Vicq	»	Plles	»	»	»
Lefèvre	Le Chauffage et les applications de la chaleur.	in-12	1	4 »	J.-B. Baillière	C M	Plles	P S	»	»
Lefèvre	Les Moteurs........................	in-12	1	4 »	J.-B. Baillière	»	Plles	»	»	»
Lefèvre et Cerbelaud	Les Chemins de fer................	in 8	1	5 »	H. May	»	»	P S	»	»
Le Verrier	La Métallurgie en France...........	in-12	1	3 50	J.-B. Baillière	C M	Plles	P S	»	»
Madamet	Résistance des matériaux	in-8	1	20 »	Bernard et Cᵉ	»	»	»	D A	»
Marcevaux	Du Char antique à l'automobile.......	in-8	1	4 »	F. Didot	»	»	»	M S	M S
Mathieu	Manuel du chauffeur.................	in-8	1	16 »	Baudry et Cᵉ	»	»	»	D A	»
Meindre	Les Fleurs artificielles	in-12	1	1 25	Delagrave	»	Plles	»	»	»
Meurice	Géographie industrielle de la France..	in-12	1	2 »	Fischbacher	»	»	»	M S	M S
Milandri et Bouquet	Traité de la construction, de la conduite et de l'entretien des voitures automobiles.	in-12	4	10 »	Bernard	»	Plles	»	»	»
Monet	Procédés de reproductions graphiques.	g. in-8	1	10 »	Gauthier-Villars	»	Plles	»	»	»
Monnier	Electricité industrielle..............	in-8	1	16 »	Baudry et Cᵉ	»	Plles	»	»	»
Monteil (Al.)	Histoire de l'industrie et des gens de métiers.	in-18	1	7 »	P. Dupont	»	»	P S	S	»
Montupet	Cours pratique de Chaudronnerie....	in-8	1	7 50	Bernard et Cᵉ	»	Plles	»	D A	»
Moock	Traité pratique d'impression photographique.	in-18	1	3 »	Gauthier-Villars	»	Plles	»	»	»
Motteroz	Essai sur la mise en train...........	in-8	1	3 »	H. May	»	Plles	»	»	»
Nansouty (de)	L'Année industrielle................	in-12	1	3 50	Juven	»	»	P S	S	»
Ortolan	Traité élémentaire des machines à vapeur.	in-8	1	25 »	Tignol	»	Plles	»	»	»
Oslet	Traité de charpente en bois et en fer.	g. in-8	1	43 »	Fanchon et Artus	»	Plles	»	»	»
Oslet	Traité de menuiserie................	g. in-8	2	17 »	Fanchon et Artus	»	Plles	»	»	»
Paul-Dubois	Les Chemins de fer aux Etats-Unis....	in-12	1	3 50	A. Colin	C M	»	P S	»	»
Pillet (J.-S.)	La Navigation à vapeur............	in-4	1	4 50	Mégard	»	»	P S	S	S

| AUTEURS | TITRES DES OUVRAGES | FORMAT | NOMBRE DE VOLUMES | PRIX FORT | ÉDITEURS | DESTINATION | | | | |
						COLLÈGES municipaux	ÉCOLES professionnelles	ÉCOLES primaires supérieures	ÉCOLES de garçons	ÉCOLES de filles
Porcheron	Traité pratique et élémentaire de charpente et d'escaliers.	in-4	1	2 50	Bernard	»	Plles	»	»	»
Potier	L'Electricité industrielle	in-8	1	15 »	Bernard et Cᵉ	»	»	»	D A	»
Poutiers	La Menuiserie......................	in-12	1	4 »	J.-B. Baillière	»	Plles	»	D A	»
Reuleaux	Le Constructeur	g. in-8	1	30 »	Masson	»	»	»	D A	»
Richard	Les Moteurs secondaires	in-8	1	12 »	Bernard et Cᵉ	»	»	»	D A	»
Rombo	L'Art de la menuiserie...............	in-8	1	2 »	Juliot	»	Plles	»	»	S
Rousiers (de)	Les Industries monopolisées aux États-Unis (Trusts)	in-18	1	4 »	A. Colin	»	Plles	P S	C	»
Rousselet (L.)	L'Exposition universelle de 1889......	in-8	1	3 »	Hachette	»	»	P S	S	S
Sageret	Les Applications de l'électricité........	in-8	1	5 »	H. May	C M	»	P S	»	»
Sauvage	Locomotives......................	in-8	1	5 »	Baudry et Cᵉ	»	Plles	»	»	»
Sciama	Études élémentaires des moteurs industriels.	in-12	1	5 »	Masson	»	Plles	P S	»	»
Smiles (S.)	La Vie de Stéphenson...............	in-18	1	4 »	Plon, Nourrit et Cᵉ	»	»	»	M S	M S
Souvigny	Les Légendes de l'industrie	in-4	1	4 »	Hatier	»	»	»	M S	M S
Turgan	Les Grandes usines.................	in-4	1	10 »	Bernard	»	Plles	P S	S	»
Thurston	Histoire de la machine à vapeur......	in-8	2	12 »	F. Alcan	»	»	P S	»	»
Vidal	Manuel du touriste photographe......	in-8	1	10 »	Gauthier-Villars	»	Plles	»	M S	»
Vimont	Histoire d'un navire................	in-16	1	2 25	Hachette	»	»	»	»	»
Vivarez	Eclairage électrique.................	g. in-8	1	4 »	Michelet	»	Plles	»	»	»
Volkert	Le Dynamo.......................	album	1	3 »	Bernard	»	Plles	P S	»	»
Volkert	La Locomotive..................	album	1	3 »	Bernard	»	Plles	P S	»	»
Volkert	La Machine à vapeur	album	1	3 »	Bernard	»	Plles	P S	»	»
With	Les Machines.....................	in-8	1	16 »	Baudry et Cᵉ	»	Plles	P S	»	»
With	Le Mécanicien des Chemins de fer....	in-8	1	20 »	Bernard et Cᵉ	»	»	P S	»	»
Witz	Traité des moteurs à gaz et à pétrole.	in-18	1	15 »	Bernard et Cᵉ	»	Plles	P S	»	»
Witz	La Machine à vapeur	in-12	1	4 »	J.-B. Baillière	»	Plles	P S	»	»

AUTEURS	TITRES DES OUVRAGES	FORMAT	NOMBRE DE VOLUMES	PRIX FORT	ÉDITEURS	DESTINATION				
						COLLÈGES municipaux	ÉCOLES professionnelles	ÉCOLES primaires supérieures	ÉCOLES de garçons	ÉCOLES de filles
X...	Album de l'Industrie.............	in-8	1	4 »	Ancienne libr. Furne	»	»	P S	M S C	M S C

AUTEURS	TITRES DES OUVRAGES	FORMAT	NOMBRE DE VOLUMES	PRIX FORT	ÉDITEURS	DESTINATION				
						COLLÈGES municipaux	ÉCOLES professionnelles	ÉCOLES primaires supérieures	ÉCOLES de garçons	ÉCOLES de filles

G. — Agriculture, Horticulture, Sylviculture, Pisciculture, etc.

AUTEURS	TITRES DES OUVRAGES	FORMAT	NOMBRE DE VOLUMES	PRIX FORT	ÉDITEURS	COLLÈGES municipaux	ÉCOLES professionnelles	ÉCOLES primaires supérieures	ÉCOLES de garçons	ÉCOLES de filles
Alphand	L'Art des jardins,	in-8	1	20 »	Rothschild	»	»	P S	S	S
Brechemin	Poules et Poulaillers	in-4	1	6 »	Dentu	»	Plles	»	»	»
Chenevière	Mon Carnet de chasse	in-8	1	7 »	F. Didot	»	»	P S	S C	»
Desmoulins	Le Retour aux champs	in-12	1	3 50	Delarue	»	Plles	P S	C	C
Dubois	Les Produits végétaux alimentaires	in-8	1	4 50	O. Doin	»	»	»	C	C
Engelhard	La Chasse et la Pêche	in-8	1	10 »	Berger-Levrault	»	»	P S	S	S
Fabre (H.)	Les Serviteurs	in-12	1	2 »	Delagrave	»	»	»	M S	M S
Fabre (H.)	Les Auxiliaires	in-12	1	2 »	Delagrave	»	»	P S	S	S
Fabre (H.)	Les Ravageurs	in-8	1	1 15	Delagrave	»	»	»	M S	M S
Jennepin	Album agricole	in-4	1	2 25	A. Colin	C M	»	P S	S C	»
Joignaux	Le Livre de la ferme	g. in-8	2	32 »	Delagrave et Masson	»	»	P S	»	»
La Blanchère (de)	Amis des plantes et leurs Ennemis	in-8	1	2 »	Delagrave	»	»	P S	M S	M S
La Blanchère (de)	La Pêche aux bains de mer	in-4	1	5 »	F. Didot	»	»	P S	S	»
La Blanchère (de)	La Plante dans les appartements	in-12	1	3 »	F. Didot	»	»	P S	S	S
Marchand (H.)	Tu seras agriculteur	in-12	1	1 60	A. Colin	»	»	»	M S	M S
Mayet	Le Vin de France	in-8	1	3 50	Ancienne libr. Furne	»	»	P S	»	»
Menault (E.)	Les Insectes nuisibles à l'agriculture	in-16	1	2 15	Ancienne libr. Furne	»	»	P S	S	S
Narjoux (F.)	Histoire d'une ferme	in-4	1	2 90	Delagrave	»	»	P S	M S	M S
Roche (E.)	Les Martyrs du travail	in-12	1	1 25	Delagrave	»	»	»	M S	M S

H. — Variétés, Connaissances usuelles

AUTEURS	TITRES DES OUVRAGES	FORMAT	NOMBRE DE VOLUMES	PRIX FORT	ÉDITEURS	COLLÈGES municipaux	ÉCOLES professionnelles	ÉCOLES primaires supérieures	ÉCOLES de garçons	ÉCOLES de filles
André	Manuel d'escrime.................	in-12	1	3 50	Garnier	C M	»	»	»	»
Avenel (d')	Le Mécanisme de la vie moderne (3 séries).	in-12	1	4 » l'une	A. Colin	C M	»	P S	S	»
Bellet	Les Dernières Merveilles de la science	in-4	1	6 »	Garnier	»	»	»	M S	M S
Berthelot	Science et Philosophie...............	in-8	1	7 50	Calmann-Lévy	C M	»	P S	C	»
Béthuys	Les Aérostiers militaires............	in-8	1	3 50	Lecène	»	»	P S	»	»
Boëll et Sion	Lectures sur les sciences............	in-8	1	2 50	Gedalge	»	»	»	M S	M S
Bonnefont (G.)	Les Miettes de la science............	in-8	1	4 50	H. Martin	»	»	»	M S	M S
Bonnefont (G.)	La Prestidigitation en famille........	in-8	1	1 45	H. Martin	»	»	»	S	S
Bourgoin	La Jeune Maîtresse de maison........	in-12	1	1 50	Pigoreau	»	»	»	»	M S
Brigaugan	Sorcellerie amusante................	in-8	1	1 60	L. Chaux	»	»	»	M	M
Brunel	Les Merveilles de l'électricité et de la photographie.	in 8	1	2 30	Delagrave	C M	Pᵘᵉˢ	P S	»	»
Brunel	La Science appliquée aux usages de la vie.	in-8	1	2 30	Delagrave	C M	»	P S	S	S
Charlemont	Traité pratique de boxe française....	in-8	1	10 »	L'auteur	»	»	P S	S	»
Claris	Notre École polytechnique...........	in-4	1	25 »	H. May	C M	»	P S	»	»
Daryl (P.)	Le Yacht........................	in-4	1	25 »	H. May	»	»	P S	C	»
Daryl (P.)	Les Jeux de balle et de ballon........	in-8	1	6 »	H. May	»	»	»	M S	M S
Desfontaines	Nos Grands ouvriers français........	in-4	1	5 »	Gedalge	»	»	»	M S	M S
Divers	Journal des travaux manuels........	in-8	1	5 »	L. Chaux	»	»	»	»	»
Divers	Album de la science et de l'industrie (savants illustres).	in-12	1	3 »	Ancienne libr. Furne	»	»	»	M	M
Ernouf	Histoire de quatre inventeurs français.	in-16	1	1 25	Hachette	»	»	»	M S	M S
Ex-Champion	Le Sport de l'aviron................	in-8	1	6 »	Delagrave	»	»	P S	»	»
Fabre	Aurore........................	in-12	1	1 25	Delagrave	»	Pᵘᵉˢ	P S	»	»
Fabre	Le Ménage.......................	in-12	1	1 50	Delagrave	»	»	»	»	M S

AUTEURS	TITRES DES OUVRAGES	FORMAT	NOMBRE DE VOLUMES	PRIX FORT	ÉDITEURS	DESTINATION				
						Collèges municipaux	Écoles professionnelles	Écoles primaires supérieures	Écoles de garçons	Écoles de filles
Fabre des Essarts.	Les Savants français du siècle	in-8	1	» 70	H. May	»	»	»	M	M
Faideau	Amusements scientifiques	in-8	1	3 50	Librairie Illustr.	»	Plles	P S	S C	S É
Flajat (M.)	Nouvelles Lectures scientifiques	in-12	1	1 50	Ancienne libr. Furne	»	»	P S	M S	M S
Franklin	Vie privée d'autrefois (l'annonce, la réclame)	in-18	1	3 50	Plon, Nourrit et Cᵉ	»	»	»	S C	»
Franklin	Vie privée d'autrefois (comment on devient patron)	in-18	1	3 50	Plon, Nourrit et Cᵉ	»	»	»	S C	»
Giffard.	La Fin du cheval	in-4	1	7 »	A. Colin	C M	»	P S	S	»
Ginisty	La Vie d'un théâtre	in-12	1	1 »	Schleicher	»	»	»	S	»
Graffigny (de)	Manuel de l'horloger et du mécanicien amateur	in-18	1	4 »	Hetzel	»	Plles	»	»	»
Graffigny (de)	Contes d'un vieux savant	in-8	1	4 »	H. May	»	»	P S	S	S
Hément (Félix)	Menus propos sur les sciences	in-12	1	3 50	Delagrave	»	»	P S	S	S
Hippau	Cours d'économie domestique	in-18	1	3 »	Hetzel	»	»	P S	»	S
Huard (L.)	La Science pratique	in-8	1	10 »	Boulanger	»	»	P S	»	»
Houzé (J.-P.)	Le Trésor de la famille	in-18	1	5 »	Rothschild	»	»	P S	M S	M S
Lagarde	Nains et géants	in-12	1	1	L. Chaux	»	»	»	E M	E M
Magnier	En joue feu	in-4	1	5 25	Gedalge	»	»	P S	S	»
Maindron (E.)	L'Académie des sciences	in-8	1	12 »	F. Alcan	C M	»	»	»	»
Mangin	Les Savants illustres de la France	in-8	1	3 50	Ducrocq	»	»	P S	S	S
Mangin (A.)	Voyage scientifique autour de ma chambre	in-8	1	3 90	Delagrave	»	»	P S	S	S
Maury	La Magie et l'Astrologie	in-12	1	3 50	Perrin	»	»	P S	S	S
Muller	Grandes découvertes modernes	in-8	1	1 60	Delagrave	»	»	»	S	S
Oméga	L'Art de combattre	in-4	1	6 »	Tallandier	C M	»	P S	»	»
Parville (H. de)	La Clef de la science	in-8	1	10 »	Laurens	»	»	P S	»	»
Parville (H. de)	Revue des Sciences (1898)	in-4	2	20 »	Masson et Cᵉ	»	»	P S	C	C
Parville (H. de)	La Nature (année 1897)	in-4	2	20 »	Masson et Cᵉ	C M	»	P S	C	C
Parville (H. de)	La Nature (année 1899)	in-4	2	2 20	Masson et Cᵉ	C M	»	P S	C	C

AUTEURS	TITRES DES OUVRAGES	FORMAT	NOMBRE DE VOLUMES	PRIX FORT	ÉDITEURS	DESTINATION				
						COLLÉGES municipaux	ÉCOLES professionnelles	ÉCOLES primaires supérieures	ÉCOLES du garçons	ÉCOLES de filles
Péphau	Monographie de l'école Braille.......	in-8	1	»	École Braille	»	»	P S	S C	S C
Rebière	Pages choisies des savants modernes.	in-8	1	5 »	Nony	C M	»	P S	»	»
Rebière	Les Savants modernes	in-8	1	5 »	Nony	C M	»	P S	»	»
Renan	L'Avenir de la science.............	in-8	1	7 50	Calmann-Lévy	»	»	P S	»	»
Roch	Ce que vaut une femme...........	in-12	1	1 45	Picard et Kaan	»	Pᵖˡˡᵉˢ	P S	»	»
Sachot	Inventeurs et Inventions.............	in-12	1	2 50	Garnier	»	»	P S	S	· S
Seignobos (Mᵉ)	Le Livre des petits ménages.........	in-8	1	3 »	Hachette	»	Pˡˡᵉˢ	P S	»	S C
Seignobos (Mᵉ).	Comment on forme une cuisinière...	in-12	2 »	2 »	Hachette	»	Pˡ ᵉˢ	P S	»	M S
Simond	Quand je serai chasseur	in-8	1	5 »	F. Didot	»	»	P S	S	»
Thomson (W.)	Conférences scientifiques et Allocutions.	in-8	1	7 50	Gauthier-Villars	C M	»	»	»	»
Tissandier (G.)	Les Récréations scientifiques.........	in-12	1	3 »	Masson	»	»	P S	M S	M S
Tissandier (G.)	La Science pratique................	in-8	1	2 25	Masson	»	»	P S	C	C
Tissandier (G.)	Les Héros du travail	in-18	1	3 50	Dreyfous	»	»	P S	S	S
Tissandier (G.)	Histoire de mes ascensions.........	in-18	1	2 »	Dreyfous	»	'	P S	S	S
Tissandier (G.)	Les Martyrs de la science...........	in-18	1	3 50	Dreyfous	»	»	P S	M S	M S
Tom Titt	La Science amusante (1ʳᵉ série)......	in-8	1	3 »	Larousse	»	»	P S	M S	M S
Tom Titt	Cent nouvelles Expériences (2ᵉ série)..	in-8	1	3 »	Larousse	»	»	»	M S	M S
Tom Titt	La Science amusante (3ᵉ série)...	in-8	1	3 »	Larousse	»	»	P S	S	S
Varigny (H. de)	En Amérique......................	in-12	1	3 »	Masson	»	»	P S	»	»
Ville L.	Lutteurs et Gladiateurs.............	in-8	1	6 »	Tolra	»	»	P S	P. d G.	»
X...	Album de la science (savants illustres).	in-8	1	4 »	Ancienne libr. Furne	»	»	»	M S C	M S C
X...	Cours de coupe....................	in-12	3 »	3 »	Hachette	»	Pˡˡᵉˢ	P S	»	M S

A. — Philosophie et Morale.

AUTEURS	TITRES DES OUVRAGES	FORMAT	NOMBRE DE VOLUMES	PRIX FORT	ÉDITEURS	DESTINATION				
						COLLÈGES munici- paux	ÉCOLES profes- sion- nelles	ÉCOLES primaires supé- rieures	ÉCOLES de garçons	ÉCOLES de filles
Aurevilly (d')	Les Œuvres et les Hommes..........	in-8	1	7 50	Lemerre	»	»	P S	»	»
Bain	Le Sens et l'intelligence.............	in-8	1	10 »	F. Alcan	C M	»	»	»	»
Bain	La Logique inductive et déductive....	in-8	2	20 »	F. Alcan	C M	»	»	»	»
Barni	La Morale dans la démocratie........	in-8	1	5 »	F. Alcan	»	»	P S	»	»
Barni	Histoire des idées morales et politiques en France.	in-12	2	7 »	F. Alcan	C M	Plles	P S	S C	»
Barracaud (L.)	Le Bonheur au village..............	in-8	1	1 45	H. Martin	»	»	»	M S	M S
Bergson	Matière et mémoire.................	in-8	1	5 »	F. Alcan	C M	»	»	»	»
Bersot	Libre Philosophie...................	in-12	1	2 50	F. Alcan	»	»	P S	»	»
Bersot	Un Moraliste	in-12	1	3 50	Hachette	»	»	P S	S	»
Bertrand (J.)	D'Alembert.......................	in-12	1	2 »	Hachette	»	»	P S	S	S
Binet	Les Altérations de la personnalité ...	in-8	1	6 »	F. Alcan	C M	»	P S	S	S
Blum (E.)	Lectures de philosophie scientifique...	in-12	1	4 50	Belin	C M	»	»	»	»
Boirac (E.)	Recueil de morceaux choisis des philo- sophes anciens, modernes et contemporains.	in-8	1	6 50	F. Alcan	C M	»	»	»	»
Boirac (E.)	L'Idée de phénomène..............	in-8	1	5 »	F. Alcan	C M	»	»	»	»
Boirac (E.)	Cours élémentaires de philosophie.	in-8	1	6 50	F. Alcan	C M	»	»	»	»
Boissier (G.)	La Fin du paganisme.............	in-12	2	7 »	Hachette	C M	»	»	»	»
Bruhl (L.)	La Philosophie de Jacobi	in-8	1	5 »	F. Alcan	C M	»	»	»	»
Brunschwicg	Spinoza......................	in-8	1	3 75	F. Alcan	C M	»	»	»	»
Buchon	Choix de moralistes français........	in-8	1	7 50	Delagrave	»	»	P S	»	»
Célières	Les Héroïnes du devoir (illust.).......	in-8	1	2 25	Hennuyer	»	»	P S	M S	M S
Collignon	Diderot, sa vie, ses œuvres...........	in-12	1	3 50	F. Alcan	»	»	P S	C	»
Collins (H.)	Résumé de la philosphie de H. Spencer.	in-8	1	10 »	F. Alcan	C M	»	»	»	»
Coste	Les Principes d'une sociologie objec- tive.	in-8	1	3 75	F. Alcan	C M	»	»	»	»

AUTEURS	TITRES DES OUVRAGES	FORMAT	NOMBRE DE VOLUMES	PRIX FORT	ÉDITEURS	COLLÈGES munici-paux	ÉCOLES profes-sion-nelles	ÉCOLES primaires supé-rieures	ÉCOLES de garçons	ÉCOLES de filles
Cousin	Du Vrai, du Beau, du Bien..	in-8	1	7 50	Perrin	C M	»	»	»	»
Coutant	Moralistes modernes	in-12	1	2 »	Delagrave	C M	»	P S	»	»
Demolins	Les Français d'aujourd'hui..........	in-12	1	3 50	F. Didot	»	Plles	P S	»	»
Descartes	Œuvres choisies...................	in-12	1	3 »	Garnier	»	»	P S	S	»
Diderot	Lettres choisies...................	in-12	1	2 »	Lecène	»	»	P S	S	»
Divers	Morale sociale....................	in-8	1	6 »	F. Alcan	C M	»	»	»	»
Dutriac	Les Héroïnes du Travail....	in-8	1	6 »	H. Martin	»	»	P S	»	M S
Espinas	La Philosophie sociale au xviiiᵉ siècle et la Révolution.	in-8	1	7 50	F. Alcan	C M	»	P S	»	»
Fouillée	La Liberté et le Déterminisme	in-8	1	7 50	F. Alcan	C M	»	»	»	»
Fouillée	L'Évolutionnisme des idées forces.....	in-8	1	7 50	F. Alcan	C M	»	»	»	»
Fouillée	Histoire de la Philosophie..........	in-8	1	6 »	Delagrave	C M	»	»	»	»
Gréard (O.)	L'Éducation des femmes par les femmes	in-16	1	3 50	Hachette	C M	»	»	»	»
Gréard (O.)	La Morale de Plutarque.............	in-16	1	3 50	Hachette	C M	»	»	»	»
Herbert Spencer	Les Premiers Principes.............	in-8	1	10 »	F. Alcan	C M	»	»	»	»
Herbert Spencer	Principes de psychologie	in-8	2	20 »	F. Alcan	C M	»	»	»	»
Herbert Spencer	De l'Éducation physique, intellectuelle et morale.	in-8	1	5 »	F. Alcan	C M	»	»	»	»
Janet (P.)	La Famille.......................	in-18	1	3 50	Calmann-Lévy	»	»	P S	»	»
Janet (P.)	La Morale.......................	in-12	1	4 50	Delagrave	»	»	P S	»	»
Janet (P.)	Principes de métaphysique et de psy-chologie.	in-8	2	15 »	Delagrave	C M	»	»	»	»
Janet (P.)	Les Maîtres de la pensée moderne....	in-12	1	3 50	Calmann-Lévy	C M	»	»	»	»
Janet (P.)	L'Automatisme psychologique........	in-8	1	7 50	F. Alcan	C M	»	»	»	»
La Rochefou-cauld (de)	Maximes.........................	in-16	1	3 »	Flammarion	»	»	P S	»	»
Laugel	Les Problèmes de la nature.........	in-12	1	2 50	F. Alcan	C M	»	»	»	»
Laugel	Les Problèmes de la vie.............	in-12	1	2 50	F. Alcan	C M	»	»	»	»
Laugel	Les Problèmes de l'âme.............	in-12	1	2 50	F. Alcan	C M	»	»	»	»

AUTEURS	TITRES DES OUVRAGES	FORMAT	NOMBRE DE VOLUMES	PRIX FORT	ÉDITEURS	DESTINATION				
						COLLÈGES municipaux	ÉCOLES professionnelles	ÉCOLES primaires supérieures	ÉCOLES de garçons	ÉCOLES de filles
Legouvé	Nos Filles et nos Fils (illust.)	in-8	1	7 »	Hetzel	»	»	»	M S	M S
Legouvé	Les Pères et les Enfants au dix-neuvième siècle.	in-18	2	6 »	Hetzel	»	»	P S	S	S
Le Mansois-Duprey	L'Esprit de Joseph Prud'homme	in-8	1	1 30	Ancienne librairie Furne	C M	»	P S	»	»
Lévy (A.)	Psychologie du caractère	g. in-8	1	5 »	F. Alcan	»	»	P S	»	»
Lévy-Bruhl	La Philosophie d'Auguste Comte	in-8	1	7 50	F. Alcan	C M	»	»	»	»
Liard	La Science positive et la Métaphysique.	in-8	1	7 50	F. Alcan	C M	»	»	»	»
Littré	La Science au point de vue philosophique.	in-12	1	4 »	Perrin	»	»	P S	»	»
Locke et Leibnitz	Œuvres.	in-8	1	10 »	F. Didot	C M	»	»	»	»
Lubbock	L'Emploi de la vie	in-12	1	2 50	F. Alcan	»	Plles	P S	»	»
Malapert	Les Éléments du caractère	in-8	1	5 »	F. Alcan	C M	»	P S	C	»
Michelet	Histoire et philosophie	in-12	1	3 50	Calmann-Lévy	C M	»	P S	S	»
Michelet	La Bible de l'humanité.	in-12	1	3 50	Calmann-Lévy	»	»	P S	»	»
Montaigne	Essais.	in-12	2	4 »	F. Didot	»	»	P S	»	»
Mosso	La Peur.	in-12	1	2 50	F. Alcan	»	»	P S	»	»
Muller (E.)	La Morale en action par l'histoire (ill.).	in-18	1	3 »	Hetzel	»	»	P S	M S	M S
Pascal (Blaise)	Les Provinciales (édition Havet)	in-8	2	7 50	Delagrave	»	»	P S	»	»
Pascal (Blaise), etc.	Moralistes français.	in-8	1	10 »	F. Didot	C M	»	»	»	»
Payot (J.)	L'Éducation de la volonté	in-8	1	5 »	F. Alcan	C M	»	P S	»	»
Queyrat (F)	L'Imagination	in-12	1	2 50	F. Alcan	C M	»	P S	S	S
Quinet (E.)	Lettres à ma mère	in-12	1	3 50	Hachette	C M	»	P S	»	»
Quinet (E.)	Histoire de mes idées	in-12	1	3 50	Hachette	C M	»	P S	»	»
Quinet (Mᵐᵉ)	Edgar Quinet avant l'exil.	in-12	1	3 50	Calmann-Lévy	»	»	P S	S	S
Quinet (Mᵐᵉ)	Edgar Quinet depuis l'exil.	in-12	1	3 50	Calmann-Lévy	»	»	P S	S	M S
Ribot	Les Maladies de la mémoire	in-12	1	2 50	F. Alcan	C M	»	»	»	»
Ribot	La Psychologie anglaise contemporaine.	in 8	1	7 50	F. Alcan	C M	»	»	»	»

AUTEURS	TITRES DES OUVRAGES	FORMAT	NOMBRE DE VOLUMES	PRIX FORT	ÉDITEURS	DESTINATION				
						COLLÈGES municipaux	ÉCOLES professionnelles	ÉCOLES primaires supérieures	ÉCOLES de garçons	ÉCOLES de filles
Ribot	La Psychologie des sentiments.......	in-8	1	7 50	F. Alcan	C M	»	P S	»	»
Ribot	La Psychologie allemande contemporaine.	in-8	1	7 50	F. Alcan	C M	»	»	»	»
Ribot	L'Évolution des idées générales......	in-8	1	5 »	F. Alcan	C M	»	P S	»	»
Sainte-Beuve	Proudhon, sa vie, sa correspondance.	in-18	1	3 50	Calmann-Lévy	»	»	P S	S	»
Schopenhauer	Le Libre arbitre....................	in-12	1	2 50	F. Alcan	C M	»	»	»	»
Schopenhauer	Le Fondement de la Morale...	in-12	1	2 50	F. Alcan	C M	»	»	»	»
Smiles (Samuel)	Le Caractère	in-18	1	4 »	Plon, Nourrit et Cᵉ	»	»	P S	S	»
Stahl (P.-J.)	Contes et Récits de morale familière (illustré)	in-18	1	3 »	Hetzel	»	»	»	M S	M S
Stuart Mill	Système de logique inductive et déductive.	in-8	2	20 »	F. Alcan	C M	»	»	»	»
Stupuy	Œuvres philosophiques de Sophie Germain.	in-12	1	3 50	F. Didot	C M	»	P S	M S C	M S C
Tarde	Les transformations du pouvoir......	in-8	1	6 »	F. Alcan	C M	»	»	»	»
Thomas	La Suggestion, son rôle dans l'éducation.	in-12	1	2 50	F. Alcan	»	»	P S	C	»
Thomas	L'Éducation des Sentiments.........	in-8	1	5 »	F. Alcan	C M	»	»	»	»
Thomas	Morale et éducation................	in-12	1	2 50	F. Alcan	C M	»	P S	»	»

Bibliothèque enfantine

AUTEURS	TITRES DES OUVRAGES	FORMAT	NOMBRE DE VOLUMES	PRIX FORT	ÉDITEURS	COLLÈGES municipaux	ÉCOLES professionnelles	ÉCOLES primaires supérieures	ÉCOLES de garçons	ÉCOLES de filles
Alba	Les Aventures de Marcel	in-8	1	2 50	H. Martin	»	»	»	E M	E M
Alcott	Notre Ami Polly	in-8	1	2 25	H. May	»	»	»	E M	E M
Alexandre (A.)	La Brave Petite Servante	in-16	1	» 40	H. May	»	»	»	E	E
Alexandre (A.)	Catherine, Catherinette, Catherina	in-4	1	1 50	H. May	»	»	»	E	E
Alexandre (A.)	Ma Tante Hurlure	in-8	1	» 50	H. May	»	»	»	E	E
Alexandre (A.)	Perdus au Jardin des Plantes	in-4	1	1 50	H. May	»	»	»	E	E
Alexandre (A.)	La Voiture aux chèvres	in-8	1	» 50	Hachette	»	»	»	E	E
Alexandre (A.)	Les Compagnons de la Marjolaine	in-8	1	2 »	Hachette	»	»	»	S	S
Alexandre (A.)	Les Fées en train de plaisir	in-8	1	3 50	Ancienne libr. Furne	»	»	»	M S	M S
Allonne (d')	Pour lire seul	in-8	1	1 75	A. Colin	»	»	»	E	E
Améro	Un Robinson de six ans	in-8	1	1 40	Hachette	»	»	»	E M	E M
Améro (Mᵉ C.)	La Fille du Vigneron	in-8	1	3 50	Lecène	»	»	»	S	S
Améro (Mᵉ C.)	Fille de Lorraine	in-4	1	3 50	Lecène	»	»	»	»	M
Améro (Mᵉ C.)	La Mission de Mona	in-8	1	3 50	Lecène	»	»	»	M S	M S
Améro (Mᵉ C.)	Un Cœur de mère	in-8	1	1 60	Delagrave	»	»	»	M	M
Arnnenskaïa	Gricha (Histoire d'un petit mendiant)	in-8	1	1 15	H. Martin	»	»	»	M S	M S
Arène (P.)	Contes de Paris et de Provence	in-8	1	9 »	Lemerre	»	»	»	E M	E M
Arnaud	Frère et sœur	in-12	1	» 40	H. Martin	»	»	»	E	E
Arnauld	Le Seigneur Tigre	in-8	1	» 50	F. Didot	»	»	»	M	»
Arthez (d')	Le Roman de l'armurier	in-8	1	2 »	Hachette	»	»	»	M S	M S
Assolant	Histoire fantastique du célèbre Pierrot	in-8	1	5 50	Ancienne libr. Furne	»	»	»	S	S
Aubert (O.)	Les Petits Amis	in-12	1	1 25	G. Guérin	»	»	»	E	E
Aubert (O.)	Papa Moulin	in-8	1	1 90	H. Martin	»	»	»	E M	E M

AUTEURS	TITRES DES OUVRAGES	FORMAT	NOMBRE DE VOLUMES	PRIX FORT	ÉDITEURS	DESTINATION				
						COLLÈGES municipaux	ÉCOLES professionnelles	ÉCOLES primaires supérieures	ÉCOLES de garçons	ÉCOLES de filles
Aubin	Le Pigeon Voyageur	in-8	1	» 75	H. Martin	»	»	»	E	E
Aubin	Les Petits Maraudeurs	in-8	1	» 95	H. Martin	»	»	»	E M	E M
Aury	Histoire d'Abou-Hassan	pᵗ in-8	1	» 55	Delagrave	»	»	»	E	E
Bacon	Cica la Fille du bandit	in-4	1	5 »	Ducrocq	»	»	»	M S	M S
Badin	Jean-Baptiste Blanchard au Dahomey.	in-8	1	7 »	A. Colin	»	»	P S	S	»
Balagayrie	Le Secret du Rajah	in-8	1	» 55	Lecène	»	»	»	M	"
Baillard (Mᵐᵉ)	Les Trois Défauts de Suzette	in-8	1	» 55	Gedalge	»	»	»	»	E
Bailly	Vengeance	in-8	1	» 85	Hachette	»	»	»	M	M
Basile (Gᵃˡ Riu)	Le Livre du bon Français	in-12	1	1 25	G. Guérin	»	»	»	S C	»
Beaulieu (de)	Le Robinson de douze ans	in-12	1	1 25	Ducrocq	»	»	»	M	M
Beaune (E.)	Histoire de chiens et de chats	in-8	1	» 55	H. Martin	»	»	»	E	E
Beauregard (de) et Gorse (H. de)	Le Roi du timbre-poste	in-8	1	7 »	Hachette	»	»	»	S	»
Bécour (Mᵐᵉ)	Le Trousseau de la poupée	in-8	1	1 25	Hattier	»	»	»	»	M S
Behr	Cinq semaines à la ferme du Gros-Ormeau.	in-8	1	1 40	Lecène	»	»	»	M S	M S
Belloni	La Petite Gracieuse	in-8	1	» 40	Gedalge	»	»	»	E	E
Belloni	Les Frayeurs d'Henriette	in-8	1	» 75	Gedalge	»	»	»	»	M
Berquin	L'Ami des Enfants	in-4	1	6 »	Laurens	»	»	»	E	E
Bertheroy	Le Journal de Marguerite Plantin	in-12	1	3 50	A. Colin	»	»	P S	»	S
Berthet (E.)	L'Expérience de grand-papa	in-8	1	3 50	Ancienne libr. Furne	»	»	»	M	M
Berthet (E.)	Les petites Écolières dans les cinq parties du monde.	in-8	1	5 »	Ancienne libr. Furne.	»	»	»	»	M
Bertin (M.)	Les Épreuves de Jean	in-4	1	1 50	Delagrave	»	»	»	E M	E M
Bertin (M.)	Voyages au pays des défauts (ill.)	in-16	1	1 50	Hetzel	»	»	»	M	M
Bethuys	Le Caporal la déveine	in-8	1	1 15	H. Martin	»	»	»	M	»
Biart (Lucien)	Les Voyages involontaires (Monsieur Pinson, le Secret de José, etc.) (ill.).	in-8	1	9 »	Hetzel	»	»	»	M	M
Biart (Lucien)	Monsieur Pinson (illustré)	in-18	1	3 »	Hetzel	»	»	»	M	M

AUTEURS	TITRES DES OUVRAGES	FORMAT	NOMBRE DE VOLUMES	PRIX FORT	ÉDITEURS	DESTINATION				
						COLLÈGES municipaux	ÉCOLES professionnelles	ÉCOLES primaires supérieures	ÉCOLES de garçons	ÉCOLES de filles
Biart (Lucien)	Voyages et Aventures de deux enfants dans un parc (illustré).............	in-18	1	3 »	Hetzel	»	»	»	E M	E M
Blanc (Martial)	Le Roi de l'ivoire...................	in-18	1	2 »	A. Colin	»	»	»	M	M
Blanchon	La Ferme des Perrots.......	in-18	1	1 60	L. Chaux	»	»	»	M	M
Blandy (S.)	La Teppe aux merles..............	in-8	1	2 »	A. Colin	»	»	»	E M	E M
Bonhomme	Les Deux Frères.............	in-8	1	3 »	Lecène	»	»	»	S	»
Bonhomme	Récits de l'oncle Paul.............	in-8	1	2 25	H. May	»	»	»	M	M
Bonhomme	Les Vacances chez grand'mère......	in-12	1	2 25	H. May	»	»	»	M	M
Bonneau	Le Martyre d'une mère.............	in-8	1	» 45	Lecène	»	»	»	E	E
Bosguérard (de)	Petits Amis........................	in-16	1	» 80	H. May	»	»	»	E	»
Bouron des Clayes	Pour nos Fillettes et pour nos Garçons	in-8	1	3 »	Librairie Société anonyme	»	»	»	E M S	E M S
Boussenard (L.)	Les Secrets de M. Synthèse..........	in-8	1	10 »	Flammarion	»	»	»	M S C	M S C
Bovet (de)	La Famille Carbonnel..............	in-8	1	2 50	H. May	»	»	»	M S	M S
Brasseur	Le Soulier de Jacquot..............	in-8	1	» 50	Hachette	»	»	»	E	E
Bréhat (de)	Aventures d'un petit Parisien (illustré).	in-18	1	3 »	Hetzel	»	»	»	E M	E M
Brès (Mᴵᴵ)	Ving-sept chants pour les enfants....	in-8	1	1 »	Hachette	»	»	»	E M	E M
Brès (Mᴵᴵᵉ)	Musette et Quenouillette.............	in-12	1	» 40	Hachette	»	»	»	E	E
Brio	Mauvaises têtes et bon cœurs.........	in-16	1	» 80	H. May	»	»	»	E	E
Brisay (de)	Jean la poudre.....................	in-4	1	12 »	H. Martin	»	»	P S	M S	M S
Brown	La Fille du Sous-Préfet.............	in-8	1	» 95	H. Martin	»	»	»	M	M
Brown	Les Tribulations d'un pêcheur à la ligne.	in-8	1	1 15	H. Martin	»	»	»	M S	»
Brown	Voyage à dos d'une baleine..........	in-4	1	3 20	H. Martin	»	»	»	M S	M S
Brown	Perdus dans les sables.............	in-4	1	6 »	H. Martin	»	»	P S	S	S
Brunot	Pauvre Fille......................	in-8	1	1 90	H. Martin	»	»	»	M S	M S
Brusquer	L'École buissonnière...............	in-16	1	» 40	Tailandier	»	»	»	E	E
Cahu	Le Cachalot blanc.	in-8	1	2 »	Hachette	»	»	»	M S	M S

AUTEURS	TITRES DES OUVRAGES	FORMAT	NOMBRE DE VOLUMES	PRIX FORT	ÉDITEURS	COLLÈGES municipaux	ÉCOLES professionnelles	ÉCOLES primaires supérieures	ÉCOLES de garçons	ÉCOLES de filles
Calvet	Petite Yvonne	in-8	1	2 50	Ancienne libr. Furne	»	»	»	M	M.
Camou (de)	Les Petits Mineurs de Bristen	in-18	1	» 25	Hachette	»	»	»	E	E
Candiani	Les Robinsons de la Nouvelle-Russie	in-18	1	2 »	A. Colin	»	»	»	M S	M S
Canteloup	Déserteur	in-8	1	2 50	F. Didot	»	»	»	M	M
Cazin (Mᵐᵉ J.)	Histoire d'un pauvre petit	in-16	1	2 25	Hachette	»	»	»	E M	E M
Cazin (Mᵐᵉ J.)	Les Aventures de Jean le Savoyard	in-16	1	2 25	Hachette	»	»	»	E M	E M
Cazin (Mᵐᵉ J.)	Un Drame dans la montagne	in-16	1	2 25	Hachette	»	»	»	E M	E M
Cazin (Mᵐᵉ J.)	Les Saltimbanques	in-16	1	2 25	Hachette	»	»	»	M	M
Cazin (Mᵐᵉ J.)	Les Petits Montagnards	in-16	1	2 25	Hachette	»	»	»	E M	E M
Cazin (Mᵐᵉ J.)	Le Petit Chevrier	in-16	1	2 25	Hachette	»	»	»	E M	E M
Cerfber	Tête de Turc	in 8	1	2 »	F. Didot	»	x	»	M S	»
Cerfber	Tatiana la Sibérienne	in-8	1	» 70	Ancienne libr. Furne	»	»	»	M S	M S
Cervantès	Histoire de Don Quichotte	in 8	1	6 »	Garnier	»	»	»	M	M
Chabaud	Monsieur France	in-8	1	1 20	Picard et Kaan	»	»	»	S	»
Chambon	Le Diable blanc	in-8	1	» 55	H. Martin	»	»	»	»	»
Chambon	La Filleule de maitre Briçonnet	in-8	1	2 30	H. Martin	»	»	»	»	M
Chambon	Les Nièces de tante Luce	in-8	1	1 90	H. Martin	»	»	»	»	M S
Chambon	Olivette	in-8	1	6 »	Dreyfous	»	»	»	M	M
Champagne (M.)	Aventures d'un Détective	in-8	1	1 60	Delagrave	»	»	»	S	»
Chanal	Les Merveilleuses épreuves du paladin Huon, de Bordeaux.	in-8	1	2 30	Delagrave	»	»	»	S	»
Chanal	Les Pensums du père Bombyx	in-8	1	2 60	Gedalge	»	»	»	M	M
Charlot (M.)	Contes économiques	in-12	1	3 50	Tallandier	»	»	»	E M	E M
Charlot	Pour la Jeunesse	in-8	1	1 90	Picard et Kaan	»	»	»	M S	M S
Chateau - Verdun	Monsieur Roro (illustré)	in-16	1	1 50	Hetzel	»	»	»	E	E
Chaumont	Petits Drames de l'Histoire	in-8	1	» 55	Lecène	»	»	»	M	M

AUTEURS	TITRES DES OUVRAGES	FORMAT	NOMBRE DE VOLUMES	PRIX FORT	ÉDITEURS	DESTINATION				
						COLLÈGES municipaux	ÉCOLES professionnelles	ÉCOLES primaires supérieures	ÉCOLES de garçons	ÉCOLES de filles
Chéron de la Bruyère	La Tour grise	in-12	1	2 25	Hachette	»	»	»	»	M S
Chéron de la Bruyère	Le Caractère de Mlle Suzanne	in-18	1	» 25	Hachette	»	»	»	»	E
Chéron de la Bruyère	Au Loin	in-12	1	2 25	Hachette	»	»	»	M	M
Cherville (de)	Gaspard l'avisé	in-8	1	1 »	F. Didot	»	»	»	E M	E M
Cherville (de)	Histoire d'un trop bon chien	in-16	1	1 50	Hetzel	»	»	»	M S	M S
Chevallier	L'Héritier du Rajah	in-8	1	6 »	H. Martin	»	»	»	M S	M S
Christophe	Les Mémoires de Gazelle	in-4	1	3 »	Tallandier	»	»	»	E	E
Christophe	La Famille Fenouillard	in-12	1	2 »	A. Colin	»	»	»	E M	E M
Cim (A.)	Entre Camarades	in-18	1	2 25	Hachette	»	»	»	M S	»
Claretie	Pierrille	in-16	1	3 50	Dentu	»	»	»	E M	E M
Coignet	Chez mon Oncle	in-8	1	1 40	Hachette	»	»	»	M S	M S
Colomb (Mme)	L'Ours de neige	in-8	1	» 85	Hachette	»	»	»	M	M
Colomb (Mme)	Petites Nouvelles	in-8	1	» 85	Hachette	»	»	»	E M	E M
Colomb (Mme)	Contes vrais	in-8	1	» 85	Hachette	»	»	»	E M	E M
Combes	La Montagne bleue	in-4	1	5 »	Ducrocq	»	»	»	M S	M S
Coninck (Mme de)	Un Précieux Ami	in-8	1	» 90	Picard et Kaan	»	»	»	E M	E M
Coninck (Mme de)	Le Cœur et l'Esprit des bêtes	in-8	1	1 20	Picard et Kaan	»	»	»	E	E
Coninck (Mme de)	Frantz le poltron	in-8	1	» 90	Picard et Kaan	»	»	»	E	E
Coulomb (Mlle de)	Le prince Serge	p. in-8	1	2 25	H. May	»	»	»	M S	»
Coulomb (Mlle de)	Le Galous de Robert	p. in-8	1	2 25	H. May	»	»	»	M	M
Coulomb (Mlle de)	Ce Gamin de Paupan	in-8	1	» 70	H. May	»	»	»	E	E
Courcelles (de) et Sixte Delorme	En Route avec l'oncle Mistral	in-4	1	7 »	Ducrocq	»	»	»	M S	M S
Darc (O.)	L'Oncle Bontemps	in-4	1	5 »	Ducrocq	»	»	»	M S	M S
Darc (O.)	Les Malices de M. Jean et de Mlle Yvonne	in-4	1	5 »	Ducrocq	»	»	»	M	M
Daux (Mlle H.)	Frères de lait	in-8	1	» 70	H. May	»	»	»	S C	»

AUTEURS	TITRES DES OUVRAGES	FORMAT	NOMBRE DE VOLUMES	PRIX FORT	ÉDITEURS	DESTINATION				
						COLLÉGES munici-paux	ÉCOLES profes-sion-nelles	ÉCOLES primaires supé-rieures	ÉCOLES de garçons	ÉCOLES de filles
Daux (Mᶥᶥᵉ H.)	Le Petit Don Quichotte	in-12	1	2 25	H. May	»	«	»	M S	M S
Daux (Mᶥᶥᵉ H.)	Le Crépuscule des fées	in-16	1	» 40	H. May	»	»	»	E	E
Daux (Mᶥᶥᵉ H.)	Entre chien et chat	in-18	1	» 25	H. May	»	»	»	E	E
Debrousse	Nous et nos Amis	pᵗ in-8	1	» 80	H. May	»	»	»	E	E
Defodon (Ch.)	De ci, de là	in-8	1	» 70	Hachette	»	»	»	E	E
De Foë (P.)	Les Aventures de Robinson Crusoé	in-8	1	3 50	Dreyfous	»	»	»	E M	E M
Delaplante	Le Pot de confiture	p. in-8	1	» 35	Ancienne libr. Furne	»	»	»	S	»
Delon (Ch.)	Ma petite sœur Naïk	in-8	1	5 50	Lemerre	»	»	»	M	M
Delorme (Mᵐᵉ)	Le Théâtre chez grand'mère	in-18	1	2 »	A. Colin	»	»	»	E	E
Delorme (R.)	Les Jeux dangereux	in-16	1	» 40	H. May	»	»	»	M	M
Demoulin (Mᵐᵉ)	Aventures d'un écolier en rupture de ban.	in-8	1	2 60	Hachette	»	»	»	M S	M S
Dequel	Histoire de mon oncle et de ma tante (illustré).	in-18	1	3 »	Hetzel	»	»	»	E M	E M
Derennes	Le Drapeau du Canada	in-8	1	» 90	Picard et Kaan	»	»	P S	M	M
Derennes	Sœur et Patrie	in-8	1	1 15	Picard et Kaan	»	»	P S	M	M
Desbeaux	Les Pourquoi et les Parce que de Mᶥᶥᵉ Suzanne.	in-4	1	5 »	Ducrocq	»	»	»	S	S
Desbeaux	L'Aventure de Paul Solange	in-8	1	5 »	Ducrocq	»	»	»	M S	M S
Deschamps	L'Intrépide Marcel	in-12	1	2 25	Hachette	»	»	»	M S	»
Deschamps	La Cousine Suzanne	in-12	1	2 25	Hachette	»	»	»	»	M
Desfontaines	Le Violon de Marcelle	in-8	1	» 90	Gedalge	»	»	»	M	M
Designolle	Sous la feuillée	in-8	1	1 90	Picard et Kaan	»	»	»	E	E
Desmoulins (Mᵐᵉ)	Récits d'une Lorraine	in-8	1	3 20	Picard et Kaan	»	»	»	M	M
Devina	Souvenirs d'un écolier	in-8	1	» 55	Lecène	»	»	»	E	E
Diguet	Nos Amis, nos Bêtes	in-8	1	1 25	Ancienne libr. Furne	»	»	»	S	S
Divers	Lectures pour tous	in-8	1	6 »	Hachette	»	»	»	M S	M S
Divers	Mon Journal (1897)	in-8	1	8 »	Hachette	»	»	P S	M S	M S

AUTEURS	TITRES DES OUVRAGES	FORMAT	NOMBRE DE VOLUMES	PRIX FORT	ÉDITEURS	DESTINATION				
						COLLÈGES munici-paux	ÉCOLES profes-sion nelles	ÉCOLES primaires supé-rieures	ÉCOLES de garçons	ÉCOLES de filles
Divers	Recueil de pièces et monologues pour jeunes filles et jeunes garç ns.	in-12	3 séries	3 l'une	Nathan	»	»	»	S	S
Dombre	Trois fois Grand d'Espagne..........	in-8	1	1 45	Picard et Kaan	»	»	»	M S	M S
Dombre	Les Étonnements du docteur Hix....	in-8	1	1 90	Picard et Kaan	»	»	»	M	M
Dombre	La Joie de la maison...............	in-8	1	1 80	Gedalge	»	»	»	S	S
Dombre	Le Docteur Cordier....	in-8	1	1 25	Delagrave	»	»	»	S	»
Dorsay	Tétunébo, le roi nègre	in-4	1	5 »	F. Didot	»	»	»	M	M
Dorsay	Le Secret du bien.................	in-8	1	» 55	H. Martin	»	»	»	E	E
Dorsay	Fables...........................	in-8	1	» 75	H. Martin	»	»	»	M S	M S
Dorsay	Un Don Quichotte en herbe.........	in-8	1	1 90	H. Martin	»	»	»	E M	»
Dourliac	L'Écuyer de la Reine	in-8	1	1 40	Hachette	»	»	»	M S	»
Dubarry	Histoire d'une famille d'émigrants en Australie.	in-12	1	2 50	Perrin	»	»	»	M	M
Dubarry	La Petite Dompteuse...............	in-8	1	1 90	H. Martin	»	»	»	»	E
Dupuis (E.)	Le Songe de Tiennette	in-8	1	» 65	Delagrave	»	»	»	»	E
Dupuis (E.)	Le Petit Lord....................	in-8	1	5 »	Delagrave	»	»	»	S C	S C
Dupuis (E.)	La Fillette au héron bleu	in-4	1	2 30	Delagrave	»	»	»	E M	E M
Dupuis (E.)	Tapon-Taponnette	in-8	1	1 25	Delagrave	»	»	»	E	E
Dupuis (E.)	Un Déshérité....................	in-8	1	5 »	Delagrave	»	»	»	E M	E M
Dutilleul	Les Tribulations d'un Fils du Ciel ...	in-8	1	» 90	H. Ma...	»	»	»	S	»
Ellyon	Mémoires d'un pigeon voyageur......	in-8	1	2 »	F. Didot	»	»	»	M S	M S
Fabre (A.)	La Pipe de Philibert...............	in-8	1	» 75	Hachette	»	»	»	E	»
Fath (G.)	Les Études de Petit-Pierre	in-4	1	2 »	Delagrave	»	»	»	E	E
Fath (G.)	Histoire de trois orphelins	in-12	1	2 »	Ducrocq	»	»	»	S C	S C
Fath (G.)	La Sagesse des Enfants............	in-16	1	2 25	Hachette	»	»	»	M	M
Fayel	Tonino. — La Poupée de Gretchen, etc.	in-12	1	» 40	Hachette	»	»	»	E	E
Fernay	Grand'mère et Bonne-maman.	in-8	1	3 »	F. Didot	»	»	»	S C	S C

AUTEURS	TITRES DES OUVRAGES	FORMAT	NOMBRE DE VOLUMES	PRIX FORT	ÉDITEURS	DESTINATION				
						COLLÈGES municipaux	ÉCOLES profession-nelles	ÉCOLES primaires supé-rieures	ÉCOLES de garçons	ÉCOLES de filles
Feuillet	Vie de Polichinelle (illustré)	in-16	1	1 50	Hetzel	»	»	»	E M	E M
Ficy	L'Ambition d'Arnaud................	in-8	1	1 40	Hachette	»	»	»	M	M
Fleurigand	L'Héritier du Toulinguet...........	p. in-8	1	» 70	Ancienne libr. Furne	»	»	»	M	»
o ul (L.)	La Fée au canards.................	in-8	1	» 55	Hatier	»	»	»	E	E
Fortoul (L.)	La Pantoufle d'Ayaz	in-8	1	» 70	Hatier	»	»	»	E	E
Français (Jean)	Chez bon-papa.................	in-8	1	1 »	Larousse	»	»	»	E M	E M
Franchy	A l'Ecole et en Famille..	in-8	1	1 30	Ancienne libr. Furne	»	»	»	M S	M S
Gayot	Coco l'Ecureuil	in-8	1	» 50	F. Didot	»	»	»	E M	»
Genin	Un Petit Héros (illustré)	in-16	1	1 50	Hetzel	»	»	»	E	E
Gérald - Mont-méril	Jamais contents!....	in-18	1	2 »	A. Colin	»	»	»	M	M
Gériolles (de)	Les Finesses de Kok-Kass...........	in-8	1	» 50	H. May	»	»	»	E M	E M
Germain (H.)	Les Vacances de Paul	in-8	1	» 70	Lecène	»	»	»	E M	E M
Gevin-Cassaï (Mᵐᵉ)	Histoire d'un petit exilé.	in-8	1	4 50	H. Martin	»	»	E S	M S	M S
Gevin-Cassal (Mᵐᵉ)	Dany......................	in-8	1	1 »	Lecène	»	»	»	E	E
Gilles (Ch.)	Les Drames de la mer	in-8	1	» 55	Lecène	»	»	»	M	M
Gillet	Une Visite à la Ménagerie............	in-8	1	1 15	Picard et Kaan	»	»	»	E M	E M
Girard (A.)	Nos Petits Diables.......	in-8	1	3 50	Ancienne libr. Furne	»	»	»	E	E
Girardin (J.)	La Famille Gaudry	in-8	1	2 60	Hachette	»	»	»	S	S
Giron	La Famille de la Marjolaine.........	in-16	1	1 50	Hetzel	»	»	»	M	M
Golschmann	Contes suédois	in-8	1	1 50	H. Martin	»	»	»	M	M
Golschmann	Contes slaves.................	in-8	1	1 50	H. Martin	»	»	»	M	M
Gourdault	Le Chêne et le Roseau.	in-12	1	» 35	Ancienne libr. Furne	»	»	»	E M	E M
Gourdault	Au Pays des Czars.................	in-8	1	3 25	Ancienne libr. Furne	»	»	»	M	M
Granstrom	La Nouvelle Robinsonnette...........	in-8	1	4 »	F. Didot	»	»	»	E M	E M
Gros (J.)	Les Robinsons suisses.........	in-8	1	4 50	Picard et Kaan	»	»	»	M S	M S

AUTEURS	TITRES DES OUVRAGES	FORMAT	NOMBRE DE VOLUMES	PRIX FORT	ÉDITEURS	DESTINATION				
						COLLÈGES municipaux	ÉCOLES professionnelles	ÉCOLES primaires supérieures	ÉCOLES de garçons	ÉCOLES de filles
Gros (J.)	Un Volcan dans les glaces	in-8	1	3 »	Lecène	»	»	»	M S	M S
Guérin (H.)	Les Pourquoi et parce que des petits enfants.	in-8	1	1 40	Ducrocq	»	»	»	E	E
Guerrier de Haupt	Souvenirs d'un calendrier	in-4	1	5 »	F. Didot	»	»	»	M S	M S
Guerrier de Haupt	Le Château de la mère Bobie	in-8	1	1 15	H. Martin	»	»	»	M	M
Guilleminault (Mlle)	Jeanne la Cendrillon moderne	in-8	1	» 90	Picard et Kaan	»	»	P S	»	E M
Gustafsson	Autour du Poêle	in-8	1	3 »	F. Didot	»	»	»	E M	E M
A. Lecomte (G. Guy)	Petits défauts, grandes vertus	in-4	1	3 50	Gedalge	»	»	»	M	M
Guy (H.)	Les Biches de neige	in-8	1	» 85	Hachette	»	»	»	E	E
Guy (H.)	Jeunesse d'orphelin	in-8	1	2 »	Hachette	»	»	»	S C	»
Guy (H.)	Une Fameuse Journée	in-8	1	» 50	Hachette	»	»	»	E	E
H. et Guy	Le Roman d'un petit marin	in-8	1	2 60	Hachette	»	»	P S	M S	»
H. et Guy	La Croisade de Gérard	in-8	1	2 60	Hachette	»	»	»	M S	»
Hall (R.)	Jacques la chance et Jean la guigne	in-18	1	2 »	A. Colin	»	»	»	M	M
Hameau (Mme)	Liana	in-8	1	1 80	Gedalge	»	»	»	»	M
Hameau (Mme)	L'Enfant perdue	in-12	1	2 »	E. Guérin	»	»	»	M	»
Hameau (Mme)	Mademoiselle Pourquoi	in-8	1	2 »	E. Guérin	»	»	»	M	M
Hameau (Mme)	Trois Jeunes Robinsons	in-12	1	1 60	Bernardin	»	»	»	M	»
Hameau (Mme)	Le Petit Explorateur	in-8	1	1 50	F. Didot	»	»	»	E M	E M
Hanoum (Leila)	Récits du Nord et du Midi	in-8	1	» 65	Delagrave	»	»	»	E	E
Harquevaux et Pelletier	Deux cents Jeux d'enfants	in-8	1	3 »	Larousse	»	»	»	M	M
Haudussière	Les Leçons du petit Bossu	in-8	1	» 90	Ancienne libr. Furne	»	»	»	S	S
Hellé	Joyeux Hiver	in-8	1	1 50	H. May	»	»	»	M	M
Hervilly (d')	L'Ile des Parapluies	in-8	1	5 50	Lemerre	»	»	»	M	M
Hervilly (d')	La Vision de l'écolier puni	in-8	1	1 25	Delagrave	»	»	»	E M	E M
Hervilly (d')	Tristapatte	in-8	1	2 50	Ancienne libr. Furne	»	»	»	M	»

AUTEURS	TITRES DES OUVRAGES	FORMAT	NOMBRE DE VOLUMES	PRIX FORT	ÉDITEURS	DESTINATION				
						COLLÈGES municipaux	ÉCOLES professionnelles	ÉCOLES primaires supérieures	ÉCOLES de garçons	ÉCOLES de filles
Bervilly (d')	Les Chasseurs d'édredons..	in-8	1	3 50	Ancienne libr. Furne	»	»	»	M S	M S
Hessen (de)	Fille des Champs..................	in-8	1	1 50	F. Didot	»	»	»	M	M
Houssaye	Le Trésor de tante Monique....... ...	in-8	1	1 15	H. Martin	»	»	»	M S	M S
Hors (Louis d')	La Pièce de dix sous	in-16	1	» 70	Ancienne libr. Furne	»	»	»	E	E
Hue (F.)	Les Malheurs de Ninette.............	in-8	1	»·70	Lecène	»	»	»	M	M
Hue (F.)	Aventures de deux Français et d'un chien en Australie.	in-8	»	» 55	Lecène	»	»	»	E M	E M
Hue (F.)	Les Contes de la plage.............	in-8	»	1 15	Picard et Kaan	»	»	»	E	E
Jacquin	Vif-Argent..................... ...	pᵗ in-8	1	» 85	Hachette	»	»	»	E	E
Jacquin	Pif-Paf	in-12	1	» 85	Hachette	»	»	»	E	E
Jaubert (E.)	Le Robinson de la Forêt russe..... .	in-8	1	4 »	F. Didot	»	»	»	E M	E M
Jeanroy	Quatre bons Amis.............	in-8	1	2 90	Gedalge	»	»	»	M	M
Jeanvrot (V.)	Allons Enfants de la Patrie !...	in-8	1	» 75	H. Martin	»	»	»	E M	E M
Jelikhovska	Scènes enfantines....	in-4	1	4 »	Hennuyer	»	»	»	M S	M S
Jelikhovska	Impressions de première jeunesse	in-8	1	5 »	Hennuyer	»	»	»	S	S
Joubert (E.)	La sœur aînée..................	in-8	1	1 15	Lecène	»	»	»	E M	E M
Karazine	Du Volga au Nil dans les airs........	in-8	1	5 »	F. Didot	»	»	»	E M	E M
Kergall (J.)	Petite Brave....................	in-8	1	1 90	H. Martin	»	»	»	E M	E M
Kergomard	Les Biens de la terre...............	in-12	1	1 50	Fischbacher	»	»	»	E M	E M
Kergomard	Heureuse rencontre.............	in-8	1	1 10	Hachette	»	»	»	M S	M S
Korval	Nique et Paul....................	in-12	1	2 25	H. May	»	»	»	E	E
Krougloff (A.)	Les Petits Soldats russes............	in-8	1	1 10	Hachette	»	»	»	M	»
Krougloff (A.)	Ivan Ivanolich et Cᵉ.................	in-8	1	2 25	F. Didot	»	»	»	M	M
La Bédollière (de)	Histoire de la mère Michel et de son chat (illustré).	in-16	1	1 50	Hetzel	»	»	»	E	E
Labesse (E.) et Pierret (H.)	Le Nid de Grand'maman............	p. in-4	1	1 25	Delagrave	»	»	»	E M	E M
Laboulaye	Contes bleus	in-8	1	3 »	Ancienne libr. Furne	»	»	»	S	S

AUTEURS	TITRES DES OUVRAGES	FORMAT	NOMBRE DE VOLUMES	PRIX FORT	ÉDITEURS	DESTINATION				
						COLLÈGES munici-paux	ÉCOLES profes-sion-nelles	ÉCOLES primaires supe-rieures	ÉCOLES de garçons	ÉCOLES de filles
Laboulaye	Nouveaux Contes bleus.....	in-8	1	3 »	Ancienne libr. Furne	»	»	»	S	S
Laboulaye	Derniers Contes bleus..............	in-8	1	3 »	Ancienne libr. Furne	»	»	»	S	S
La Conterie (de)	L'Honneur de Richard............ ..	in-8	1	1 10	Hachette	»	»	»	M S	M S
Lacuria (Mᵐᵉ)	Odyssée d'un pierrot français........	in-8	1	» 65	Delagrave	»	»	»	E	E
La Fontaine	Choix de Fables...................	in-4	1	6 »	Garnier	»	»	»	E	E
La Fontaine	Vingt-six fables (illustr. par Boutet de Monvel).	in-4	1	10 »	Plon, Nourrit et Cᵉ	»	»	»	M	E
Lakidé	Centime bienfaiteur, Trois louis d'or...	in-8	1	1 »	F. Didot	»	»	»	M	M
Lalain (de)	L'Héritage de la tante Guérin........	in-8	1	2 50	Gedalge	»	»	»	E M	E M
Lamy	Petit Pierre	in-8	1	1 90	H. Martin	»	»	»	M	M
Lande (L.)	Souvenirs d'un soldat	in-8	1	2 »	Lecène	»	»	»	E M S	E M S
Lapointe	Il était un fois....................	in-8	1	9 »	Lemerre	»	»	»	M S	M S
Laporte	Récits de vieux marins	in-8	1	5 »	Lefèvre	»	»	»	M S	M S
Largillière	La Chasse aux monstres............	in-8	1	» 55	Lecène	»	»	»	M	»
Lagrillière-Beauclerc	Les Contes de France..............	in-8	1	2 40	Picard et Kaan	»	»	»	E M	E M
La Roche (de)	L'Ami Benoît.....................	in-18	1	2 »	A. Colin	»	»	»	E M	E M
Laubot (Mᵐᵉ)	Notre Voisine Marthe..............	in-8	1	1 30	Gedalge	»	»	»	E M	E M
Laubot (Mᵐᵉ)	Forts par le Travail............. ...	in-4	1	3 50	Gedalge	»	»	»	M S	M S
Laubot (Mᵐᵉ)	La Jeune Maîtresse de maison........	in-8	1	1 40	Gedalge	»	»	»	»	S C
Laubot (Mᵐᵉ)	Jours d'épreuves..................	in-4	1	3 50	Gedalge	»	»	»	S	S
Laubot (Mᵐᵉ)	La Petite Mère...................	in-8	1	» 90	Gedalge	»	»	»	E M	E M
Laubot (Mᵐᵉ)	Mésaventures d'une petite fille.......	in-8	1	» 55	Gedalge	»	»	»	»	E
Laubot (Mᵐᵉ)	La Vie d'une orpheline.............	in-8	1	1 »	Gedalge	»	»	»	»	M
Laubot (Mᵐᵉ)	La Volonté d'un père...............	in-8	1	6 »	H. Martin	»	»	»	M S	M S
Laubot (Mᵐᵉ)	Mademoiselle qu'en dira-t-on........	in-8	1	6 »	Dreyfous	»	»	»	»	S
Laurent	Satan le Baudet..................	in-8	1	1 40	Hachette	»	»	»	M S	M S

AUTEURS	TITRES DES OUVRAGES	FORMAT	NOMBRE DE VOLUMES	PRIX FORT	ÉDITEURS	Collèges municipaux	Écoles professionnelles	Écoles primaires supérieures	Écoles de garçons	Écoles de filles
Lebossé	Le Voyage d'Yves Quelfoë..........	in-18	1	» 25	Hachette	»	»	»	E	E
Leclère (E.) et Faure (A.)	Thibaut Coupenquatre..............	in-12	1	» 40	Lecène	»	»	»	E	E
Lecomte	Quel tuteur......................	in-8	1	» 95	H. Martin	»	»	»	M S	M S
Lecomte	Henriette et Maximilienne..........	in-8	1	1 45	H. Martin	»	»	»	»	E M
Lecomte	Deux ménages.........	in-8	1	3 20	H. Martin	»	»	»	S C	S C
Lecomte (Mᵐᵉ)	Heureux temps	in-8	1	3 »	E. Guérin	»	»	»	M	M
Lecomte (Mˡˡᵉ)	Ce Bon Loff....................	in-8	1	2 25	H. May	»	»	»	E M	E M
Legendre	Crakville	in-4	1	10 »	Ancienne libr. Furne	»	»	»	M S	M S
Lemonnier	Histoire de huit bêtes (illustré).... ..	in-16	1	1 50	Hetzel	»	»	»	E M	E M
Le Mouel	Guillaume Friquet.................	in-12	1	» 40	Hachette	»	»	»	M	M
Le Mouel	Voyage du haut-mandarin Ka-li-Ko...	in-8	1	2 50	Garnier	»	»	»	M S	M S
Lensia (J.)	Le Héros du Désert	in-8	1	3 »	Lecène	»	»	»	M S	M S
Lensia (J.)	Les Trois Roses..................	in-8	1	» 50	Lecène	»	»	»	»	E M
Lensia (J.)	La Dette de Blanche..............	in-8	1	1 40	Lecène	»	»	»	»	M
Lensia (Mᵐᵉ)	Le Petit Mineur	in-8	1	» 55	Lecène	»	»	»	E M	E M
Léo (André)	Une Maman qui ne punit pas	in-18	1	3 50	Chez l'auteur	»	»	»	E	E
Léo (André)	Les Aventures d'Edouard............	in-18	1	3 50	Chez l'auteur	»	»	»	M S	M S
Lermont (J.)	Un honnête petit homme	in-8	1	4 50	Hetzel	»	»	»	M	M
Lermont	Tous ensemble	in-8	1	2 50	H. Martin	»	»	»	E M	E M
Leroy (Mᵐᵉ J.)	Histoire d'un honnête garçon	in-18	1	2 »	A. Colin	»	»	»	»	M S
Le Roy	Le Cahier bleu de ma marraine......	in-8	1	» 90	Gedalge	»	»	»	E	E
Le Roy	La Pupille de polichinelle...........	in-16	1	1 50	Hetzel	»	»	»	M	M
Librovicht	Sur les bancs. — Souvenirs d'un écolier russe.	in-8	1	1 50	Larousse	»	»	»	M S	M S
Lieutier (Mᵐᵉ)	Un jour de pluie..................	in-12	1	» 40	Picard et Kaan	»	»	»	E M	E M
Lieutier (Mᵐᵉ)	La Journée de Catherine...........	in-8	1	» 50	Picard et Kaan	»	»	»	E	E

AUTEURS	TITRES DES OUVRAGES	FORMAT	NOMBRE DE VOLUMES	PRIX FORT	ÉDITEURS	DESTINATION				
						COLLÈGES munici-paux	ÉCOLES profes-sion-nelles	ÉCOLES primaires supé-rieures	ÉCOLES de garçons	ÉCOLES de filles
Lieutier (Mᵐᵉ)	Les Hommes de demain	in-8	1	» 90	Picard et Kaan	»	"	»	M	»
Lieutier (Mᵐᵉ)	Le Dévouement de François	in-8	1	1 45	Picard et Kaan	»	"	»	E	E
Lieutier (Mᵐᵉ)	Juliette et Marie	in-8	1	» 70	Picard et Kaan	»	"	»	"	M
Lightone	Mon ami Prampart	in-8	1	1 10	Hachette	»	"	"	M	M
Lightone	Le Petit Kroumir	in-12	1	» 40	Hachette	»	»	»	M	M
Lightone	L'Avalanche de cadeaux	in-8	1	» 70	Hachette	»	»	»	E	E
Lobaut (Mᵐᵉ)	Mademoiselle sans façon	in-8	1	6 »	Dreyfous	»	»	»	E M	E M
Lobaut (Mᵐᵉ)	Malgré tout	in-8	1	2 30	H. Martin	»	»	»	M S	M S
Lobaut (Mᵐᵉ)	Dévouement	in-4	1	12 »	H. Martin	»	"	»	M S	M S
Louis-Lande	La Hacienda de Camaron	in-12	1	» 55	Lecène	»	"	»	M	»
M. (G.)	Récits de l'oncle Jean	in-8	1	" 90	Gedalge	»	»	»	M	»
Macé (Jean)	Arithmétique du grand-papa (illustré)	In-18	1	3 »	Hetzel	"	»	»	M	M
Macé (Jean)	Les Soirées de ma tante Rosy	in-18	1	3 »	Hetzel	"	"	»	S	S
Maël (P.)	Chien et Chat	in-18	1	» 40	Hachette	"	"	»	E	E
Maël (P.)	Robinson et Robinsonne	in-8	1	7 »	Hachette	»	»	»	M S	M S
Magbert	Histoire d'un Vaurien	in-18	1	2 »	A. Colin	"	"	"	M	M
Magbert	Les Lunettes bleues	in-18	1	2 »	A. Colin	"	»	»	M	M
Maguier (L.)	Les Fées d'aujourd'hui	in-8	1	1 30	Gedalge	»	»	»	M	M
Mainard	Histoire d'un mauvais sujet qui finit bien	in-8	1	1 60	Picard et Kaan	"	»	»	M S	»
Mainard (Mᵐᵉ)	La Journée d'une petite fille	in-12	1	» 40	H. Martin	»	»	»	E	E
Mainard (Mᵐᵉ)	L'Enfant de la bataille	in-12	1	» 40	H. Martin	"	»	»	E	E
Mainard	La 101ᵉ Poupée de la grande duchesse	in-8	1	» 55	H. Martin	»	»	»	E	E
Mainard	Droit au but	in-8	1	4 50	H. Martin	»	"	»	E M	E M
Mainard	Droit au but	in-12	1	3 »	H. Martin	»	"	»	E M	E M
Mainard	Le Roi des placers	in-4	1	2 30	H. Martin	"	"	»	S	S

AUTEURS	TITRES DES OUVRAGES	FORMAT	NOMBRE DE VOLUMES	PRIX FORT	ÉDITEURS	DESTINATION				
						COLLÈGES munici- paux	ÉCOLES profes- sion- nelles	ÉCOLES primaires supé- rieures	ÉCOLES de garçons	ÉCOLES de filles
Mainard	La Casquette de l'oncle Louis........	in-8	1	» 75	H. Martin	»	»	»	M	»
Mainard	Madame la concierge	in-8	1	1 90	H. Martin	»	»	»	S	S
Malassez	La Petite marchande de marrons.....	in-18	1	» 35	Hachette	»	»	P S	E	E
Malassez	Sable Plage......................	in-12	1	2 25	Hachette	»	»	»	E M	E M
Maranze	Les Robinsons Vendéens............	in-8	1	2 50	H. Martin	»	»	»	M S	M S
Marcel (Ch.)	L'Enfant gaulois............	in-8	1	» 90	Picard et Kaan	»	»	»	M	M
Marcel (Mᵐᵉ J.)	Un Bon Gros Pataud	in-16	1	2 25	Hachette	»	»	»	E M	E
Marcevaux	Entre Amis	in-8	1	3 »	F. Didot	»	»	»	M	M
Marshalls	Le Petit Jack (illustré).............	in-16	1	1 50	Hetzel	»	»	»	M	»
Marois	Pour les Petits Enfants — (le premier livre).	in-4	1	4 50	A. Colin	»	»	»	E	E
Marois	Pour les Petits Enfants — (le second livre).	in-4	1	4 50	A. Colin	»	»	»	E	E
Masson	Aventures de l'ânon Baudinet........	in-12	1	» 35	Hachette	»	»	»	M	M
Mayne-Reid	Bruin le chasseur d'ours............	in-8	1	1 75	Lecène	»	»	»	M S	»
Mayne-Reid	Parti en mer.....................	in-8	1	1 75	Lecène	»	»	»	M S	»
Mayne-Reid	Épaves de l'Océan.................	in-8	1	1 75	Lecène	»	»	»	M S	»
Mayne-Reid	Les Jeunes Boërs	in-8	1	1 75	Lecène	»	»	»	M S	»
Mayne-Reid	A Fond de cale...................	in-8	1	1 75	Lecène	»	»	»	M S	»
Mayne-Reid	Les Chasseurs de girafes...........	in-8	1	1 75	Lecène	»	»	»	M S	»
Mayne-Reid	Les Chasseurs de plantes...........	in-8	1	1 75	Lecène	»	»	»	M S	»
Mayne-Reid	Les Grimpeurs de rochers	in-8	1	1 75	Lecène	»	»	»	M S	»
Mayne-Red	La Sœur perdue	in-16	1	1 50	Hetzel	»	»	»	M S	M S
Méaulle	Petite Naga......................	in-12	1	1 25	Durocq	»	»	»	»	M
Mélandri	Monsieur Scaramouche..	in-8	1	» 85	Hachette	»	»	»	M	»
Mélandri	Le Capitaine Bigarreau.............	in-8	1	» 85	Hachette	»	»	»	M S	»
Mélandri	Un Bon Diable...................	in-8	1	1 »	Gedalge	»	»	»	M S	M S

AUTEURS	TITRES DES OUVRAGES	FORMAT	NOMBRE DE VOLUMES	PRIX FORT	ÉDITEURS	DESTINATION				
						COLLÈGES munici-paux	ÉCOLES profes-sion-nelles	ÉCOLES primaires supé-rieures	ÉCOLES de garçois	ÉCOLES de filles
M.-L. Riboulet	Histoire de mon petit chien..........	in-8	1	» 75	Gedalge	»	»	»	E	E
Mélandri	Les Patriotes de l'Argonne...........	in-8	1	1 15	Picard et Kaan	»	»	»	M S	»
Mélandri	Le Lutin du château de Crasville	in-8	1	1 60	Picard et Kaan	»	»	»	M	M
Mélandri	Frères de lait...	in-18	1	2 »	A. Colin	»	»	»	M	M
Mercier	Épisodes de France......	in-8	1	» 70	H. May	»	»	»	E	E
Mercier	Le Tueur du roi....................	g. in-8	1	2 50	H. May	»	»	»	E M	E M
Mercier (A.)	Contes d'un Enfant du peuple.......	in-8	1	5 »	E. Fasquelle	»	»	»	M S	»
Mermin (Mᵐᵉ)	Camille et Marcel.................	in-8	1	3 »	F. Didot	»	»	»	M S	M S
Mesureur (Mᵐᵉ G.)	Un Rêve fantastique...............	in-8	1	1 50	H. May	»	»	»	M S	»
Mesureur (Mᵐᵉ G.)	Histoire d'un Enfant de Paris	in-8	1	2 25	H. May	»	»	»	E M	E M
Mesureur (Mᵐᵉ G.)	Le Dernier des Pifferari............	g. in-8	1	2 50	H. May	»	»	»	M	M
Mesureur (Mᵐᵉ G.)	Voyage à la Mer..................	in-16	1	2 25	H. May	»	»	»	E M	E M
Mesureur (Mᵐᵉ G.)	A la Recherche d'une source........	p. in-8	1	» 90	H. May	»	»	»	M	M
Mesureur (Mᵐᵉ G.)	Les Châtaignes	p. in-8	1	» 70	H. May	»	»	»	E M	E M
Meunier (Mᵐᵉ)	Les Ruines du vieux manoir.........	in-8	1	1 15	Lecène	»	»	»	M	M
Meyrac	La Petite Fermière.................	in-8	1	» 70	Lecène	»	»	»	»	M
Miallier (Mˡˡᵉ)	Louis et Louisette	in-4	1	5 »	Ducrocq	»	»	»	M	M
Miallier (Mˡˡᵉ)	Louis et Louisette.................	in-12	1	2 »	Ducrocq	»	»	»	M	E M
Miallier (Mˡˡᵉ)	Les Trois Cousins de Rosette	in-4	1	5 »	Ducrocq	»	»	»	M	M
Miallier (Mˡˡᵉ)	Les Trois Cousins de Rosette........	in-12	1	2 »	Ducrocq	»	»	»	M	M
Miaillier (Mˡˡᵉ)	Les Enfants de Louisette	in-12	1	2 »	Ducrocq	»	»	»	E M	E M
Miallier (Mˡˡᵉ)	Les Enfants de Louisette	in-4	1	5 »	Ducrocq	»	»	»	E M	M S
Monceau (de)	Gros Pierre.....	p. in-8	1	2 25	H. May	»	»	»	E M	E M
Monod (Mᵐᵉ)	Pardon et Fidélité	in-8	1	» 40	Picard et Kaan	»	»	»	M	M
Monteil (E.).	Histoire de pauvre Louise...........	in-8	1	4 50	H. Martin	»	»	»	»	M S

AUTEURS	TITRES DES OUVRAGES	FORMAT	NOMBRE DE VOLUMES	PRIX FORT	ÉDITEURS	DESTINATION				
						COLLÈGES municipaux	ÉCOLES professionnelles	ÉCOLES primaires supérieures	ÉCOLES de garçons	ÉCOLES de filles
Monteil (E.)	Jeanne la Patrie	in-8	1	3 50	H. Martin	"	"	"	"	M S
Montet	Histoires pour rire	in-8	1	" 70	H. May	"	"	"	E	E
Montet	Entre deux classes	p. in-8	1	" 50	H. May	"	"	"	E	E
Montorgueil (G)	Les trois Apprentis de la rue de la Lune.	in-4	1	7 50	H. May	"	"	"	M S	"
Monvel (de)	Vieilles chansons et rondes	in-4	1	10 "	Plon, Nourrit et Cᵉ	"	"	"	M	M
Mouans	Les Amis du Commandant	in-18	1	" 40	Hachette	"	"	"	E M	"
Mouans	Le Fils adoptif	pt in-8	1	" 85	Hachette	"	"	"	E	E
Mouans	Le Traîneau d'argent	pt in-8	1	" 85	Hachette	"	"	"	E M	E M
Mouans	Les Invités de la noce	in-18	1	" 25	Hachet e	"	"	"	E	E
Mouans	Frisonne l'Engourdie	in-16	1	1 50	Hetzel	"	"	"	M	M
Mouton	Le dernier des Lions.	in-8	1	5 "	Delagrave	"	"	"	M S	"
Muller (E.)	Scènes villageoises (Jacques Branon), etc.	in-8	1	2 75	Delagrave	"	"	"	M S	M S
Muller	Le Chef-d'œuvre du père Victor	in-4	1	2 30	Delagrave	"	"	"	M S	M S
Muller	Les Animaux célèbres (illustré)	in-16	1	2 "	Hetzel	"	"	"	M	M
Mulley	Trente jours de colonie scolaire	in-8	1	1 90	H. Martin	"	"	"	M S	M S
Natal	Contes pour les enfants sages	in-18	1	" 80	H. May	"	"	"	E	E
Neukomm	Les Étapes d'un bataillon scolaire	in-8	1	1 35	Delagrave	"	"	"	S	"
Neuville	Francis et François.	in-8	1	1 50	Ancienne libr. Furne	"	"	"	M	"
Normand	Les petits Cinq	in-8	1	2 "	A. Colin	"	,	"	M S	"
Normand	La Revanche des bêtes	in-12	1	2 "	Lecène	"	"	"	E	E
Nucourt	Orphelins	in-8	1	" 55	H. Martin	"	"	"	M S	M S
P. Giroud	A recommencer	in-8	1	2 50	Gedalge	"	"	"	S	"
Ortoli	La Fille aux roses	in-8	1	1 60	Picard et Kaan	"	"	"	M	M
Orzezeko	Les Aventures de Petit-Jean.	in 8	1	1 "	F. Didot	"	"	"	E M	E M
Paloff (Mᵐᵉ de)	Lucien et Lucienne	in-16	1	2 25	H. May	"	"	"	M	M

AUTEURS	TITRES DES OUVRAGES	FORMAT	NOMBRE DE VOLUMES	PRIX FORT	ÉDITEURS	DESTINATION				
						COLLÈGES municipaux	ÉCOLES professionnelles	ÉCOLES primaires supérieures	ÉCOLES de garçons	ÉCOLES de filles
Paloff (Mme de)	La Chatte de Mlle Ilda	in-16	1	» 80	H. May	»	»	»	E	E
Paloff (Mme de)	Une Famille de Saltimbanques	in-8	1	3 »	E. Guérin	»	»	»	M	M
Pascal	L'Orphelin d'Alsace	in-8	1	1 15	H. Martin	»	»	»	M S	M S
P. D.	Histoire de deux Enfants de Londres.	in-18	1	2 »	A. Colin	»	»	»	E M	E M
Pech	Vouloir c'est pouvoir	in-8	1	2 »	Ancienne libr. Furne	»	»	»	S	S
Pech (E.)	Yvonnette	in-8	1	» 75	H. Martin	»	»	»	M S	M S
Pech (E.)	Brisquet	in-8	1	1 15	H. Martin	»	»	»	M S	M S
Pech (E.)	Un homme de quinze ans.	in-8	1	2 »	Delagrave	»	»	»	E M	E M
P. (H.) et Labesse (Ed.)	Pour les tout petits (les Plantes)	in-8	1	1 30	Ancienne libr. Furne	»	»	»	E M	E M
P. (H.) et Labesse (Ed.)	Pour les tout petits (les Animaux)	in-8	1	1 30	Ancienne libr. Furne	»	»	»	E M	E M
P. (H.) et Labesse (Ed.)	Pour les tout petits (les Métiers)	in-8	1	1 30	Ancienne libr. Furne	»	»	»	E M	E M
Perey (L.)	Zerbeline et Zerbelin	in-8	1	5 »	Calmann-Lévy	»	»	»	E M	E M
Perey (L.)	La Forêt enchantée	in-8	1	6 »	Calmann-Lévy	»	»	»	M	E M
L. Magnier	La Fête du village	in-12	1	» 40	Gedalge	»	»	»	E	E
Perrault	Les Contes de Perrault	in-4	1	6 »	Laurens	»	»	»	E	E
Perrault (P.)	Les Lunettes de Grand'Maman (illust.)	in-16	1	1 50	Hetzel	»	»	»	E M	E M
Perrault	Le pupille de mon ami.	in-12	1	2 »	A. Colin	»	»	»	M S	M S
Perrault (P.)	Ma Sœur Thérèse	in-8	1	7 »	Hetzel	»	»	»	M S	M S
Perronnet (Mme)	Les Fées de la Maison	in-8	1	1 90	H. Martin	»	»	»	E M	E M
Piazzi (Mme)	Les Petites conteuses	in-8	1	1 50	Delagrave	»	»	»	M	M
Picard	Le Buisson d'Or	in-8	1	4 50	H. Martin	»	»	»	»	E M
Pitray (Mme de)	L'Arche de Noé	in-18	1	2 25	Hachette	»	»	»	E	E
Poitevin (Mlle)	Les Sept Poussins de la Claudine	in-8	1	» 70	Lecène	»	»	»	M	M
Poitevin (Mlle)	Angelette	in-12	1	2 50	F. Didot	»	»	»	S	S
Pozniakoff	Scènes de ma vie d'écolier	in-4	1	5 »	Hennuyer	»	»	»	M S	M S

AUTEURS	TITRES DES OUVRAGES	FORMAT	NOMBRE DE VOLUMES	PRIX FORT	ÉDITEURS	DESTINATION				
						COLLÈGES municipaux	ÉCOLES professionnelles	ÉCOLES primaires supérieures	ÉCOLES de garçons	ÉCOLES de filles
Prat	Histoire d'un honnête homme	in-8	1	1 15	H. Martin	»	»	P S	S	»
Quantin (A.)	Histoire de Germaine	in-16	1	2 25	H. May	»	»	»	M	M
Quincay	Vermillon	in-8	1	1 »	Lecène	»	»	»	M	M
Raymond (L.)	Les Marins de la « Reine-Blanche »	in-8	1	1 25	F. Didot	»	»	»	»	E M
Renner (G.)	Où peut conduire la gourmandise	in-8	1	» 40	Picard et Kaan	»	»	»	E M	E M
Renner (G.)	Ciel et Mer	in-8	1	1 90	Picard et Kaan	»	»	»	E	E
Revone	Promenades instructives	in-8	1	» 50	H. May	»	»	»	M	M
Riboulet	En Savoie	in-8	1	» 75	F. Didot	»	»	»	S	»
Riboulet	Deux bonnes Amies	in-8	1	1 40	Gedalge	»	»	»	E	E
Riche (Daniel)	Grande sœur Odette	in-8	1	3 »	E. Guérin	»	»	»	»	S
Rieder (Mᵐᵉ)	Rose et Violette	in-12	1	2 25	Hachette	»	»	»	»	M
Robida	Kerbiniou le Très Madré	in-18	1	2 »	A. Colin	»	»	»	M S	M S
Rocher (du)	La Petite Fourmi	pᵗ in-8	1	» 40	Hachette	»	»	»	E	E
Rolland (Mᵐᵉ)	La Gerbe	in-12	1	1 25	Jeandé	»	»	»	E	E
Rousselet	Les Deux mousses	in-8	1	1 40	Hachette	»	»	»	S	S
Roux (J.)	Jean Francésou	in-8	1	» 70	H. May	»	»	»	E M	E M
Rouzé	Contes et Légendes au houblon	in-8	1	2 »	Lecène	»	»	»	M	M
Rouzé	L'héritage de la tante Rose	in-12	1	» 50	Lecène	»	»	»	E M	E M
Rouzé	Le Chien de Nicolas Trotte	in-12	1	» 50	Lecène	»	»	»	M	»
Roy (Mᵐᵉ)	La Cigale et la Fourmi	p. in-8	1	» 35	Ancienne libr. Furne	»	»	»	E	E
Roy (Mᵐᵉ)	L'Écheveau de Grand'mère	in-12	1	» 55	Ancienne libr. Furne	»	»	»	»	M
Saint-André (de)	Ce qu'on dit à la maison (illustré)	in-18	1	3 »	Hetzel	»	»	»	E M	E M
Saint-André (de)	Double Conquête	in-8	1	7 »	Hetzel	»	»	»	M	M
Salicis	Contes de bêtes	in-12	1	3 »	Sandoz	»	»	»	E M	E M
Sand (G.)	Histoire du véritable Gribouille	in-16	1	1 50	Hetzel	»	»	»	S	S

AUTEURS	TITRES DES OUVRAGES	FORMAT	NOMBRE DE VOLUMES	PRIX FORT	ÉDITEURS	DESTINATION				
						COLLÈGES municipaux	ÉCOLES professionnelles	ÉCOLES primaires supérieures	ÉCOLES de garçons	ÉCOLES de filles
Schultz	Sauvons Madelon	in-8	1	4 »	Hachette	»	»	»	M	M
Ségalas (A.)	Le Bois de la Soufrière	in-8	1	1 35	Delagrave	»	»	»	M	M
Séguin (A.)	Lise, Lisette et Lison	in-8	1	» 70	Picard et Kaan	»	»	»	»	E
Sibile	Le Rêve de Jean	in-8	1	2 25	H. May	»	»	»	M	M
Sigaux	Tuons le mandarin	in-12	1	3 50	A. Colin	»	»	P S	S C	»
Simond	Maman Lise	in-8	1	» 75	H Martin	»	»	»	M S	M S
Simond	Contes d'Orient et d'Occident	in-8	1	5 »	Lecène	»	»	»	M	M
Sissoieff	L'enfance de Katia	in-8	1	4 50	Picard et Kaan	»	»	»	»	M
Skvortsoff	Journal d'une Fourmi.— Le Canneton.	in-8	1	1 50	F. Didot	»	»	»	E	E
Slivsitzki (A.)	Blanchot	in-8	1	1 »	F. Didot	»	»	»	E	E
Slivitsky (A.)	Le Hallier aux loups	g. in-8	1	1 90	H. May	»	»	»	S	E
Slivitsky (A.)	Maître Renard	g. in-8	1	1 50	H. May	»	»	»	E	E
Sobol (Mᵐᵉ de)	Les Bons Points de Bébé	in-16	1	» 80	H. May	»	»	»	E	E
Sobol (Mᵐᵉ de)	Les Vacances de Paul	in-16	1	» 80	H. May	»	»	»	E	E
Sobol (Mᵐᵉ de)	Zézette	in-8	1	1 15	H. Martin	»	»	»	»	M
Sobol (Mᵐᵉ de)	Petite Sœur	in-12	1	» 45	H. Martin	»	»	»	E	E
Sosta (R.)	En Vacances	in-8	1	1 15	Picard et Kaan.	»	»	»	M	»
Sosta (R.)	Les Pupilles de tante Bette	in-8	1	2 30	Picard et Kaan	»	»	»	M S	M S
Sosta (R.)	Deux Familles	in-8	1	1 90	Picard et Kaan.	»	»	»	S C	S C
Sosta (R.)	Nadèje	in-8	1	» 50	Picard et Kaan.	»	»	»	E	E
Sosta (R.)	Les Étrennes du Docteur	p. in-4	1	3 20	H. May	»	»	»	M	M
Souriau	Le Veilleur du lycée	in-8	1	2 »	Hachette	»	»	»	M S	M S
Souvigny (de)	Pomponnette	in-8	1	1 50	Larousse	»	»	»	M	M
Souvigny (de)	Les Frères de Marguerite	in-8	1	1 50	Larousse	»	»	»	M	M
Souvigny (de)	Saurée	in-8	1	1 10	Hachette	»	»	»	M S	M S

AUTEURS	TITRES DES OUVRAGES	FORMAT	NOMBRE DE VOLUMES	PRIX FORT	ÉDITEURS	DESTINATION				
						COLLÈGES municipaux	ÉCOLES professionnelles	ÉCOLES primaires supérieures	ÉCOLES de garçons	ÉCOLES de filles
Souvigny (de)	L'Avenir de Suzette...	in-8	1	1 10	Hachette	»	»	P S	»	M S
Souvigny (de)	La Chance de Gisèle................	in-8	1	1 40	Hachette	»	»	»	»	M S
Stahl	Maroussia (illustré)....	in-18	1	3 »	Hetzel	»	»	»	E M	E M
Stahl	Les Patins d'argent...	in-18	1	3 »	Hetzel	»	»	»	M	M
Stahl	Les Histoires de mon Parrain (illustré).	in-8	1	3 80	Hetzel	»	»	»	M	M
Stahl	Les Aventures de Tom-Pouce (illustré).	in-16	1	1 50	Hetzel	»	»	»	E M	E M
Stahl	Le Chemin glissant................	in-16	1	1 30	Hetzel	»	»	»	M	M
Stahl	Le Sultan de Tanguik (illustré).......	in-16	1	1 50	Hetzel	»	»	»	M	M
Stahl	Mon Premier Voyage en Mer (illustré).	in-8	1	3 »	Hetzel	»	»	»	M	M
Stahl	Les Quatre Peurs de notre Général....	in-18	1	3 »	Hetzel	»	»	»	E M S	E M S
Stahl et Lermont	Jack et Jane.....................	in-18	1	3 »	Hetzel	»	»	»	E M	E M
Talbot (Mᵐᵉ)	Les Héros du foyer................	in-8	1	1 »	Gedalge	»	»	»	M	M
Talbot (Mᵐᵉ)	Pour un Père....................	in-8	1	1 80	Gedalge	»	»	»	S	S
Talbot (Mᵐᵉ)	Rosie, la petite servante............	in-8	1	» 90	Gedalge	»	»	»	»	M
Tante Jane	Les Vingt-huit Jours de Suzanne......	in-16	1	2 25	H. May	»	»	»	»	E
Tante Nicole	Bons Joueurs, Mauvais Joueurs	in-8	1	3 »	Delagrave	»	»	»	E	E
Tomel (G.)	Le Portefeuille rouge....	in-18	1	2 »	A. Colin	»	»	»	S	»
Tom Tit	Pour amuser les petits.............	in-4	1	3 50	Plon, Nourrit et Cᵉ	»	»	»	E	E
Trouessart	La Revanche de Léo	in-8	1	» 90	Picard et Kaan	»	»	»	M	»
Un papa	Je serai soldat....................	album	1	6 »	Garnier	»	»	»	E	»
Un papa	Petit voyage en France.....	in-4	1	6 »	Garnier	»	»	»	E M	E M
Urbanowka	Changé en mouche................	in-8	1	3 »	Ancienne libr. Furne	»	»	»	M S	M S
Valdès (André)	Les Récits de Mˡˡᵉ Esther............	in-8	1	1 45	Picard et Kaan.	»	»	»	»	E M
Valdès (André)	La petite Alsacienne................	in-8	1	» 90	Picard et Kaan.	»	»	»	M	M
Vallat	L'Esprit et le Cœur à travers les âges.	in-8	1	» 90	H. May	»	»	»	E M	E M

AUTEURS	TITRES DES OUVRAGES	FORMAT	NOMBRE DE VOLUMES	PRIX FORT	ÉDITEURS	DESTINATION				
						COLLÈGES municipaux	ÉCOLES professionnelles	ÉCOLES primaires supérieures	ÉCOLES de garçons	ÉCOLES de filles
Vallat	Cœur vaillant.....................	in-8	1	1 40	Lecène	»	»	»	S	S
Vallery-Radot (R.)	Le Voyage de Mˡˡᵉ Rosalie...........	in 8	1	1 50	H. May	»	»	»	»	E
Vareppe (de)	Nos Bêtes familières...............	in-8	1	» 55	F. Didot	»	»	»	E M	E M
Vareppe (de)	Coup de tête	in-12	1	2 25	Hachette	»	»	»	M	M
Vernes (Mᵐᵉ)	Les Vacances en Suisse...........	in-8	1	1 15	H. May	»	»	»	M	M
Vernet	Les Jolis Minets..................	in-18	1	» 25	H. May	»	»	»	E	E
Vessiot	Contes à mes Petits Amis...........	in-8	1	1 40	Lecène	»	»	»	E M	E M
Ville (L.)	Un Oncle en Amérique.............	in-8	1	1 20	Tolra	»	»	»	M	M
Villeneuve (J.)	Les Remords des demoiselles Cordier.	in-8	1	» 95	H. Martin	»	»	»	M	M
Viret et Noël	Les Petites Bêtes.................	in-8	1	1 45	H. Martin	»	»	»	M S	M S
William Hughes	Les Bébés d'Hélène, d'après Habberton.	in-4	1	5 »	Hennuyer	»	»	»	M S	M S
Witt (Mᵐᵉ de)	Robinson suisse..................	in-8	1	3 50	Dreyfous	»	»	»	M S	M S
Witt (Mᵐᵉ de)	Lutins et Démons.................	in-8	1	1 40	Hachette	»	»	»	E	E
X	Chien et Chat....................	in-12	1	2 25	Hachette	»	»	»	E M	E M
X.	Mon Histoire de France.............	in-4	1	2 »	Hachette	»	»	»	E M	E M
X.	Mon Histoire naturelle..............	in-4	1	2 »	Hachette	»	»	»	E	E
X.	J'Apprends à compter..............	in-4	1	2 »	Hachette	»	»	»	E	E
X.	Les Deux Petits Assiégés...........	in-8	1	» 70	Picard et Kaan.	»	»	»	E M	»
X.	En Asie et en Afrique	in-4	1	2 50	E. Guérin	»	»	»	E	E
X.	En Amérique et en Océanie..........	in-4	1	2 50	E. Guérin	»	»	»	E	E
X.	Le Livre des petits garçons..........	in-12	1	3 50	Libr. Théâtrale	»	»	»	E M	»

AUTEURS	TITRES DES OUVRAGES	FORMAT	NOMBRE DE VOLUMES	PRIX FORT	ÉDITEURS	DESTINATION				
						COLLÈGES munici-paux	ÉCOLES profes-sion-nelles	ÉCOLES primaires supé-rieures	ÉCOLES de garçons	ÉCOLES de filles

Paris. — Imprimerie Nouvelle (association ouvrière), 11 rue Cadet. — A. Mangeot, directeur. — 1499-1900.

www.ingramcontent.com/pod-product-compliance
Lightning Source LLC
LaVergne TN
LVHW020532060726
842525LV00004B/1158